Maître Tolstoï

Victoire Feuillebois

Maître Tolstoï

L'instituteur dont vous ne voulez pas

CNRS ÉDITIONS
15 rue Malebranche - 75005 Paris

Collection « Les décalé·e·s »
dirigée par Marie-Ève Thérenty

Cette collection accueille des ouvrages universitaires inattendus, surprenants, inventifs, pertinemment en décalage par le sujet, le corpus, la méthodologie, la boîte à outils théorique, les formes d'écriture, avec la norme académique ou proposant un pas de côté par rapport au canon. Il s'agit d'arpenter des territoires inconnus, d'exhumer des objets oubliés et de créer de nouvelles pistes de recherche.

Déjà paru : Caroline Julliot, *Monte-Cristo, le procès !*, 2023.

Cet ouvrage a été publié dans le cadre de l'IdEX Université de Strasbourg.

GEO Laboratoire
Groupe d'**études orientales, slaves** et **néo-helléniques** | GEO | UR 1340
Université de Strasbourg

FRANCE 2030

ISBN : 978-2-271-15018-9

À Timothée et Lise, mes petits écoliers,

et à Anna Karénine, dont j'aurais voulu lire le livre pour enfants.

Sommaire

Introduction

Si vous cherchez sur Internet une photo de Léon Tolstoï, il y a fort à parier que les moteurs de recherche vous renverront l'image d'un patriarche barbu, au regard intense : on vous le montrera sans doute arpentant les allées de son domaine de Iasnaïa Poliana, où il tenta de mener une vie simple et bonne, et peut-être sera-t-il entouré de visiteurs en quête de conseils avisés ou de disciples à l'air enamouré. Une chose est presque sûre : il portera son ample blouse paysanne, la *tolstovka*, celle avec un col qui s'ouvre sur le côté, mi-Mao, mi-Matisse. Elle détonne un peu sur les épaules d'un homme qui descend de la plus ancienne noblesse russe, mais elle va connaître un succès foudroyant et devenir en Russie l'accessoire de mode indispensable à tout membre de *l'intelligentsia* qui souhaite effectuer un retour au peuple un tant soit peu crédible.

Regard intense, auditoire fasciné, attirail qui pose là : tout ceci rappelle qu'à la fin de sa vie, Léon Tolstoï n'est pas qu'un écrivain, c'est un maître à penser, un maître à vivre. On vient le voir de tous les coins de la Russie et bientôt de tous ceux de la planète pour lui demander conseil. Le pèlerinage à Iasnaïa Poliana est un passage obligé pour tout écrivain en quête de sens qui se respecte. L'Académie des sciences de Russie a récemment exhumé une lettre de 1909 d'un certain John Lewitt, modeste fermier américain, qui remercie le grand homme pour lui avoir révélé le sens profond de la vie (avant d'essayer de lui emprunter 500 dollars – Tolstoï n'a pas répondu). La mort de l'écrivain en 1910 est un événement mondialisé qui est dans toutes les conversations et qui attire comme des aimants les premières caméras d'actualités.

C'est que Tolstoï est à cette époque, comme le dit Proust, « le directeur de conscience de l'Europe et du monde » : il a dénoncé la peine de mort, la violence coloniale, le sort des femmes en régime patriarcal, les institutions d'utilité publique comme le mariage ou la prison, attaqué l'autoritarisme de l'État et le rigorisme de l'Église orthodoxe, été victime de perquisitions violentes, interdit de publication, et même excommunié. L'Église orthodoxe russe se demande encore régulièrement s'il n'est pas temps de réintégrer dans son giron un auteur qui, malgré ses propos sulfureux, est resté un grand chrétien : elle replonge alors le nez dans l'œuvre et il lui suffit de quelques pages pour voir que ce n'est guère possible. La tombe de l'un des plus grands écrivains russes n'est ainsi toujours qu'un petit monticule de terre recouvert d'herbe verte, sans croix.

À son époque comme à la nôtre, Tolstoï ressort de ces combats avec une autorité morale incontestée. En 1891, une violente famine se déclenche dans les campagnes russes, en particulier près de Toula où il vit. C'est à lui qu'on en appelle, pour qu'il écrive dans les journaux, dénonce, tempête comme il sait le faire. Il accepte : son article est une sorte de « J'accuse » russe qui a l'effet d'un électrochoc et fait enfin réagir le pouvoir. Il n'en reste pas là, et monte avec sa famille des soupes populaires qui sauveront la vie à des centaines de paysans affamés.

De là à considérer Tolstoï comme un guide, il n'y a qu'un pas. En Russie, à ses lecteurs s'ajoutent des hordes de « tolstoïens » qui se réclament des enseignements du grand homme et font le siège de son domaine pour qu'il éclaire leur lanterne. Gandhi a souvent déclaré que sa célèbre doctrine de la non-violence était issue en droite ligne du principe de non-résistance au mal que Tolstoï exhume, pour le réactiver, des tréfonds de la culture russe ancienne. En 1910, année même de la mort du maître, le jeune activiste indien fonde en Afrique du Sud une communauté d'avant-garde qui prend le nom de « Tolstoy Farm ». En Europe, aux Amériques, des communautés de tolstoïens ont existé et existent parfois toujours. Elles mettent en pratique les principes énoncés dans les écrits philosophiques ou philanthropiques de l'auteur, sur la base des propos prêtés à Jésus dans l'Évangile : vivre en tolstoïen, c'est ne pas s'enivrer, ne pas manger de viande, ne pas forniquer, avoir une vie simple et respectueuse des autres et du vivant. Jeûne et ascétisme en pleine nature : on est loin de la littérature, et pourtant ce guide pratique pour mener une vie bonne a fait de Tolstoï un auteur de manuel de développement personnel avant la lettre.

Le plus étonnant est que cette fascination perdure. En cas de problème pratique ou de questionnement existentiel, nombreux sont ceux qui se tournent encore vers Tolstoï. Aux États-Unis, le site tolstoytherapy.com propose de résoudre les petits maux en lisant le romancier russe et, au passage, d'autres classiques de la littérature mondiale. Un roman sentimental contemporain, *Tash hearts Tolstoy* de Kathryn Ormsbee, présente une héroïne tolstolâtre, adolescente des banlieues endormies des États-Unis : elle a un poster de l'auteur dans sa chambre et se demande constamment « Que ferait Tolstoï ? » (*what would Tolstoy do?*). La grande spécialiste canadienne de l'œuvre de l'auteur, Donna Tussing Orwin, qui a travaillé sur des sujets aussi sérieux que sa conception de la guerre (un assez gros morceau pour qui a écrit… *Guerre et paix*), explique dans l'un de ses livres que Tolstoï a toujours été pour elle « un mentor », qu'elle n'a cessé de consulter ses œuvres et sa vie afin d'y trouver les réponses aux questions qui la hantaient. Dans *Hannah et ses sœurs*, Woody Allen se moque même de cette tendance et cite une maxime de sagesse de Tolstoï en exergue de l'un des « chapitres » du film : « la seule sagesse absolue que l'homme peut atteindre est que la vie n'a pas de sens. » On a connu jugement plus profond, mais l'intérêt de Tolstoï est justement qu'il semble offrir une philosophie simple, pleinement en phase dans le film avec la quête burlesque du personnage de Mickey, qui finit chez les Hare Krishna.

« Que ferait Tolstoï ? » : la question est étrange. À tout bien considérer, il semble que la seule maxime de vie un tant soit peu efficace qui puisse être tirée de la biographie de l'auteur devrait au contraire être « Que ne ferait pas Tolstoï ? » : on parle d'un écrivain renvoyé de l'université pour paresse et indolence, parti sur un coup de tête s'engager en Crimée où se livrait l'une des guerres les plus sanglantes du siècle, qui a transformé un mariage tout à fait paisible en l'une des unions les plus catastrophiques de l'histoire de la conjugalité, est tombé de crises d'angoisse en crises de foi, avant de fuguer à quatre-vingts ans passés et d'y laisser sa peau – le grand maître s'éteint en 1910 dans la modeste gare d'Astapovo, au bord de la route, stoppé dans sa fuite hors d'un foyer familial qui était devenu pour lui un enfer, tant sa femme refusait sa transformation en gourou et celle de son domaine en repaire d'adeptes exaltés, crasseux et progressistes.

La légende tolstoïenne préfère souligner que le maître a vécu toute sa vie dans une maison bien éloignée du *standing* qu'auraient pu lui fournir son rang, la richesse acquise au fil des ans et son statut d'écrivain national. Mais savez-vous pourquoi la demeure de Iasnaïa Poliana est si modeste ? Ce n'est pas parce que Tolstoï a toujours aimé la vie simple : c'est parce que, jeune homme, il s'est empressé de perdre au jeu la maison de famille trônant sur le domaine dont il venait d'hériter et qu'il a été obligé d'emménager dans les dépendances moins rutilantes où il a passé quasiment tout le reste de ses jours. Et savez-vous dans quelles circonstances le jeune Tolstoï s'est mis à écrire ? À la faveur d'une convalescence prolongée où le repos absolu lui était imposé pour guérir de l'une des maladies vénériennes qu'il semble collectionner une partie de sa vie. Vous imaginez Tolstoï sagement assis à sa table de travail, concentré sur la rédaction d'*Anna Karénine* ? À l'époque de l'écriture du roman, il passe en réalité tout le temps qu'il peut à Samara, en territoire bachkir, pour suivre un étrange régime : il se nourrit exclusivement de viande, consomme en de telles quantités le *koumiss*, un lait de jument réputé fortifiant, qu'il s'en rend plutôt malade, et se promène nu dans la steppe, dont il revient le corps brûlé de coups de soleil.

On ne peut reprocher à Tolstoï de ne pas être parfait, mais on peut néanmoins lui reprocher de ne pas toujours obéir aux règles qu'il a lui-même édictées. Or, il s'est fait l'apôtre de la non-violence – mais c'est un ancien soldat. Il a été l'un des premiers végétariens russes – mais c'est un chasseur acharné. Il a prôné l'abstinence, y compris durant le mariage, mais a eu treize enfants légitimes, dont huit ont atteint l'âge adulte : sa femme Sofia remarquait amèrement que leur dernier fils Ivan, né en 1888, au moment où Tolstoï écrivait *La Sonate à Kreutzer*, brûlot anti-sexe et pro-abstinence conjugale, était la véritable postface du livre. Vers la fin de sa vie, il veut renoncer, par dégoût de l'argent, à ses droits sur ses œuvres : il donnera tout ce que lui rapporte son dernier roman *Résurrection* à une secte religieuse, les *doukhobors*, considérés comme les inventeurs du *happening* pacifiste pour leur propension à brûler des armes en public ; mais il laisse sa femme assurer la survie de la famille en éditant ses œuvres complètes sur lesquelles elle trime du matin au soir. Il prend la défense des paysans, qu'il veut libérer (le droit de servage n'est aboli en Russie qu'en 1861), et dans sa jeunesse il songe un temps à épouser la jeune paysanne dont il est follement amoureux et qui lui donne son premier enfant, Timofeï : las, il change d'avis pour épouser Sofia Bers, fille du médecin du Kremlin, et le garçon restera un petit serf sans père. Quand il sera grand, Timofeï deviendra le cocher des enfants légitimes de Tolstoï, comme lui-même avait été conduit par le bâtard de son père.

On sait que beaucoup de *coachs* de vie ont commencé par être des toxicomanes ou que bien des blogueurs *healthy* ont souffert de troubles alimentaires, mais Tolstoï les bat tous tant il ignore superbement le principe de contradiction. À tel point que les hagiographes de l'auteur ont rapidement tenté de juguler cette hémorragie de crédibilité – non pas en séparant l'homme et l'œuvre, comme on le fait parfois pour des auteurs qui se sont déconsidérés d'une manière ou d'une autre, mais en dressant une ligne ferme entre les romans et les œuvres à caractère plus théorique comme les essais sur la religion ou la politique. Ainsi, pour le philosophe Léon Chestov, la vraie philosophie de Tolstoï, ce sont ses œuvres littéraires, et il est inutile d'aller voir ailleurs.

De là est né le grand mythe biographique – et le grand mystère – qui traverse sa vie : on aurait d'un côté l'écrivain prolifique, qui produit en une grosse décennie deux des plus grands textes de la littérature russe, *Guerre et paix* (1865-1869) et *Anna Karénine* (1873-1877), puis, à partir de 1880, un homme qui, à l'approche de la cinquantaine, renonce à l'écriture de fiction pour s'engager dans la philanthropie et une philosophie pratique qui l'éloignent peu à peu des lettres. Cette passade durera plus de trente ans, jusqu'à sa mort. D'un côté, cela vient consolider l'aura d'un auteur engagé dans la recherche d'une vie convenable, quitte à sacrifier l'écriture elle-même comme un plaisir futile et inconvenant ; d'un autre côté, cela crée une gêne chez les lecteurs et les critiques férus de Tolstoï, qui doivent lire l'œuvre en dépit de son auteur : le Tolstoï des dernières années dit pis que pendre de ses nombreux romans et récits et il ne fait d'exception à son refus de la fiction quasiment que pour écrire des fables et autres paraboles simples à destination des enfants de paysans.

Les enfants de paysans, justement, venons-y. Ils ont leur rôle à jouer dans cette histoire. À l'époque où Tolstoï n'est pas encore l'auteur de *Guerre et Paix* et qu'il se cherche un rôle dans la société, il s'est intéressé à leur sort et a ouvert sur son domaine une école. À l'époque où il écrit *Anna Karénine*, il travaille à un *Abécédaire* qui fait nettement concurrence à l'avancée du roman. À l'époque où il se met à haïr la fiction, la seule qu'il s'autorise est celle qu'il rassemble ou compose à destination du jeune public, dans une série de récits que beaucoup considèrent comme un ramassis d'histoires mièvres et de prêchi-prêcha. Au-delà de la sympathique image d'Épinal du romancier qui se met à la portée des plus faibles, ils n'ont donc pas forcément bonne presse, les petits paysans de Iasnaïa Poliana, chez les critiques et les lecteurs, car c'est pour eux que Tolstoï remise sa plume et revêt sa *tolstovka*. Ils incarnent cette ligne de faille légendaire qui divise la vie de l'auteur en deux et qui rend Tolstoï opaque, incompréhensible, aux vrais amateurs de littérature.

Pourtant, ils ont toujours été là, ces enfants. Tolstoï ne demande pas à être entouré de disciples et à guider son prochain. En revanche, s'il a jamais voulu être un maître, c'est bien un maître d'école qu'il voulait devenir. Il a ouvert sa première école en 1849, à l'âge de 21 ans. Il a consacré à l'éducation une énergie immense durant toute sa vie. Et il n'a pas démérité. Si vous êtes fiers d'être venu à bout des nombreux volumes de *Guerre et Paix*, ou d'avoir navigué dans les non moins nombreuses intrigues parallèles d'*Anna Karénine*, si vous vous piquez d'être allé au-delà de ces deux classiques, par exemple vers les œuvres caucasiennes comme *Hadji-Mourat* ou la trilogie autobiographique *Enfance. Adolescence. Jeunesse*, vous serez sans doute déçus d'apprendre qu'il ne s'agit pas des œuvres les plus lues de l'auteur. Elles ont beau avoir des lecteurs sur toute la planète, elles ne peuvent guère rivaliser avec l'*Abécédaire* – ou l'*Azbouka* dans sa version russe. Tolstoï veut révolutionner l'apprentissage de la lecture : il propose un premier manuel en 1872, puis une version révisée en 1875, approuvée par les autorités, et qui devient une sorte de manuel officiel d'apprentissage de la lecture. Il a été republié 28 fois de son vivant et deux millions d'exemplaires en ont été écoulés jusqu'en 1910.

Le grand critique formaliste Boris Eïkhenbaum disait qu'on ne pouvait pas comprendre *Anna Karénine* si on laissait de côté le fait que Tolstoï travaille à son école tout le long de l'écriture du roman – pour proposer la version révisée de l'*Azbouka*, il a d'ailleurs laissé Anna en plan, sans regret. On aura du mal à première vue à trouver un point commun entre la mise en place d'un *curriculum* pour les petits serfs illettrés et ce grand roman de la passion et de la déchéance d'une femme. Mais un détail vous aura peut-être échappé : Anna Karénine est, dans le roman, autrice de livres pour enfants. C'est d'ailleurs comme cela qu'elle retrouve grâce aux yeux de l'autre personnage principal du livre, Konstantin Lévine, l'homme en quête de sens qui ressemble tant à Tolstoï que l'auteur a fait de son prénom (Lev) le patronyme de son héros. Mais Lévine n'écrit que d'assommants traités d'agronomie, à l'instar des nombreux personnages comiques de hobereaux en mal de réforme qui peuplent la littérature russe : trente ans plus tôt, Pouchkine en avait décrit un très drôle dans *La Demoiselle-Paysanne*, à travers la figure de cet homme qui se fâche à mort avec son voisin parce qu'il aime les innovations anglaises en matière d'agriculture et de jardinage. Le personnage le plus proche de celui de l'écrivain Tolstoï, ce n'est donc pas Lévine : c'est cette Anna qui écrit pour les enfants, comme l'auteur à l'époque, et qui enthousiasme tous ceux qui l'ont lue. De ce livre d'Anna Karénine, on ne connaît même pas le titre. Si la littérature russe entretient une longue histoire avec les livres fantômes, mystérieusement disparus comme la bibliothèque d'Ivan le Terrible, ou escamotés comme les œuvres des écrivains soviétiques morts des répressions, c'est sans doute celui-là le plus intrigant.

L'ambition pédagogique de notre auteur traverse en tout cas largement la frontière de 1880 qui sépare habituellement le Tolstoï écrivain du Tolstoï philosophe ou philanthrope. C'est sur cette ambition qui l'a poussé à ouvrir ses propres établissements scolaires, à faire des voyages à travers toute l'Europe pour visiter les écoles de son époque, à critiquer les théories pédagogiques traditionnelles ou expérimentales de son temps, à réviser sa manière d'écrire pour l'adapter au jeune public, que cet ouvrage propose de revenir. Il n'est pas une apologie de la pédagogie tolstoïenne – d'ailleurs, si une école Tolstoï ouvre dans votre quartier, je vous conseille vivement de ne pas y inscrire vos enfants – mais procède d'une volonté de trouver un fil conducteur qui fasse envisager autrement la vie de l'écrivain. En montrant quel maître Tolstoï veut être, l'opposition traditionnelle entre les deux instanciations de l'auteur se résorbe : l'école de Tolstoï apparaît comme une sorte de trait d'union entre un écrivain qui, parmi ses contemporains, est sans doute celui qui a le plus cherché à éduquer ses lecteurs, et le penseur en quête de la vie bonne, qui veut moins l'enseigner à des disciples qu'il ne veut l'apprendre lui-même auprès de ses petits écoliers.

Comment rater ses études

Il est une vérité qu'il faut rappeler à tous les jeunes gens : si vous passez par la case prison, vous pouvez encore devenir Dostoïevski, qui a connu le bagne et la relégation ; si vous ratez complètement vos études, vous pouvez encore devenir Tolstoï. L'université de Kazan se vante d'être l'une des plus anciennes de Russie et d'avoir accueilli au moins trois noms éminents : le mathématicien Nikolaï Lobatchevski, qui a révolutionné la géométrie, l'homme politique Vladimir Lénine, qui a révolutionné ce que l'on sait, et le romancier Léon Tolstoï. En réalité, le passage de ce dernier au sein de cette *alma mater* est tout sauf glorieux : bien malin qui aurait pu deviner que l'étudiant paresseux et inepte qui fréquenta de manière épisodique les bancs de la prestigieuse institution allait devenir un grand homme.

Lobatchevski a d'ailleurs reçu Tolstoï lorsque celui-ci tentait péniblement de réussir les épreuves d'admission. Le mathématicien, issu d'une famille polonaise modeste, était alors le recteur de l'université de Kazan, une gloire nationale et surtout le prototype de l'homme qui s'est élevé par son intelligence et son talent. Tolstoï était au contraire un jeune noble assez fat et convaincu qu'il était promis à une existence oisive où aucun effort ne serait nécessaire. La légende veut qu'à l'issue de cette conversation, Lobatchevski ait confié à son journal son dépit : il venait de s'entretenir avec un jeune homme qui aurait pu être prometteur, mais qui lui semblait bien fainéant et attiré seulement par les plaisirs futiles de l'existence – il ne donnerait sans doute rien.

Il faut dire que la situation familiale du jeune Tolstoï ne l'aide pas : il manque cruellement de repères pour s'orienter dans l'existence. Ses parents sont décédés tous les deux avant sa dixième année. Et c'est bien dommage : sa mère était considérée comme l'une des femmes les plus instruites du pays – si le romancier n'a conservé aucun portrait d'elle, il prête certains de ses traits à la princesse Maria Bolkonski de *Guerre et Paix*. La sœur du prince André est en effet initiée par un père tyrannique aux sciences dures, qui ne font pas à l'époque partie de l'enseignement destiné aux jeunes filles de la noblesse. Le problème est que, comme elle n'est pas franchement gracieuse, cette éducation (et la réclusion dans leur domaine que lui impose son original de père) lui ferme plus ou moins le marché du mariage. Le père de Tolstoï est un personnage plus énigmatique : dans *Enfance*, le héros se le remémore penché au-dessus de sa table de travail, prêtant une oreille distraite à son fils qui lui demande si ça existe, les lièvres bleus : « oui, bien sûr, ça existe... »

Privé de ses parents, Tolstoï s'est retrouvé ballotté avec ses trois frères et sa sœur entre divers membres de la famille, grands-mères et autres tantes de province. Heureusement, il semble que la fratrie ait été traitée avec amour et attention et qu'elle soit restée extrêmement soudée. Pas de Dickens à l'horizon, pas de Dostoïevski non plus, qui peuple ses romans de misérables « familles de hasard », recomposées jusqu'à l'os et malheureuses comme les pierres. Mais les dames patronnesses qui prennent si gentiment sous leur aile cette petite troupe d'enfants sont néanmoins porteuses des préjugés de leur temps. Le Tolstoï adulte se rappelle ce conseil que lui avait adressé l'une de ses parentes : à sa majorité, elle lui avait expliqué qu'il était impératif de « faire son éducation » – c'est-à-dire de prendre une maîtresse parmi les femmes du monde pour s'en approprier les usages (« rien ne forme un jeune homme comme une liaison avec une femme comme il faut »). L'auteur a conservé toute sa vie une grande affection pour ses différentes tutrices, mais ce n'est pas de cette éducation qu'il voulait. Il tire à boulets rouges dans son œuvre sur l'éducation aristocratique, au premier chef parce qu'elle impose une distorsion contre nature en exigeant des enfants qu'ils ne parlent pas leur propre langue : dans *Enfance* (1852), la despotique Mimi enjoint aux bambins dont elle s'occupe de ne s'exprimer qu'en français, et le texte est émaillé de propos dont la langue est aussi châtiée que le contenu éducatif est pauvre, comme « Mangez donc avec du pain » ou « Comment tenez-vous votre fourchette ? ». Dans *Anna Karénine*, une des filles de Dolly, la belle-sœur d'Anna, qui demande à sa mère où est sa petite pelle s'attire une réponse cinglante : « Je te parle français, réponds-moi de même. » La petite ne connaît pas le mot français pour dire « pelle », sa mère le lui apprend et lui explique dans cette langue où trouver l'objet.

Contre ce pseudo-idéal de la noblesse, Tolstoï se rêve plutôt en savant maniant les langues rares – et pourtant, il est à peu près aussi déçu de l'université que l'université l'est de lui. Sa correspondance complète s'ouvre traditionnellement par la demande d'admission qu'il adresse à Lobatchevski à 16 ans, en 1844 : pour lui comme pour beaucoup, l'entrée à l'université marque le passage à la vie adulte. Sauf que Tolstoï ne se comporte guère en adulte lors de ses brèves années d'études. Il demande à intégrer la toute nouvelle faculté des langues orientales

– œuvre rutilante du nouveau recteur qui a reçu des fonds spéciaux pour recruter les meilleurs spécialistes et faire de Kazan le fer de lance de la science orientaliste en constitution dans l'Empire russe. Notre auteur échoue lamentablement dès la première année. Il se réoriente en fac de droit, à l'époque moins prestigieuse, qu'il abandonne tout aussi vite. Les professeurs qu'il a croisés sur sa route sinueuse oscillent entre deux jugements lapidaires : soit il est incapable d'apprendre, soit il n'en manifeste aucun désir. Il a eu toutes les peines du monde à esquisser un petit travail comparant un texte de loi de Catherine II, le *Nakaz*, et l'œuvre philosophique de Montesquieu : il s'était pris d'un vif intérêt pour le sujet, mais de là à lui consacrer du temps et de l'énergie… Car il y a tout le reste, la vie de patachon, les Tsiganes, les fêtes, le stupre, qu'il découvre et dans lesquels il se complaît. Lorsqu'il quitte l'université de Kazan pour entrer dans le monde, il s'apprête à réaliser le destin de nombreux nobles russes : s'étioler dans une société dont ils occupent si naturellement le sommet que rien ne les pousse à développer leurs talents propres.

Tolstoï ne suivra en réalité pas cette voie-là, mais il sent de manière aiguë qu'il n'est pas passé bien loin. Tout au long de sa vie, il est obsédé par le personnage du prince Dmitri Nekhlioudov, qui apparaît d'abord dans son œuvre sous les traits d'un jeune homme doué et sympathique, suscitant l'admiration et l'envie du héros semi-autobiographique d'*Adolescence* (1852). C'est alors un personnage secondaire sans réel relief, qui incarne une forme de perfection sur laquelle se détache d'autant mieux le caractère faillible, humain et attachant du héros principal, Nikolaï. Et pourtant, Nekhlioudov réapparaît à plusieurs reprises dans d'autres textes de Tolstoï : d'œuvre en œuvre, il dessine les contours de la vie gâchée du propriétaire terrien soucieux de bien faire et souvent bien équipé pour, mais rattrapé par l'inertie de sa caste et bientôt rongé par le vice. Tolstoï finit par tuer son héros dans la nouvelle « Le Joueur » (1855), puis se ravise : Nekhlioudov deviendra la grande figure de noble repentant, prêt à suivre au bagne la femme qu'il a perdue, de *Résurrection* (1899), l'ultime grand roman de l'auteur. Le prince désœuvré échappe ainsi *in extremis* à un destin assez misérable d'aristocrate jouisseur, comme Tolstoï avant lui.

Certes, le tout jeune Tolstoï est paresseux, aimanté par le sexe, davantage désireux de vivre pleinement la bamboche estudiantine que de se former au turc ou au droit. Mais il perçoit surtout très vivement que cette « éducation » qu'on propose à un jeune homme prêt à entrer dans la vie active ne l'aidera pas à se réaliser. Il conserve d'ailleurs toute sa vie un grand mépris pour le savoir universitaire.

Il y a une scène mythique dans *Anna Karénine* où le héros Lévine fauche les blés avec ses paysans : ses débuts sont difficiles, puis il trouve son rythme et se laisse porter par la tâche, qui devient presque inconsciente et dont il tire paix et satisfaction. Il s'agit d'un nouveau moment où Tolstoï se coule dans les habits de son personnage : nombreux sont les souvenirs et les traces photographiques qui montrent le romancier maniant la faux. Moins nombreux sont ceux qui se souviennent pourquoi Lévine part aux champs et s'offre cet idyllique retour à la terre : c'est que son demi-frère, le professeur d'université Sergueï Koznychev, est venu lui rendre visite. Koznychev renvoie Lévine au ratage de sa propre vie : c'est un homme accompli, éduqué, écouté, qui occupe un rang éminent dans la société. Mais il est aussi monstrueusement assommant, et c'est pour fuir sa conversation que Lévine s'empare d'une faux. La fameuse scène aux champs souligne donc à quel point Tolstoï tourne le dos aux savoirs établis et en particulier aux disciplines académiques : on en apprend davantage auprès des paysans.

L'université vue par les étudiants ne vaut guère mieux. Le Nikolaï de la trilogie autobiographique retient de ses études qu'il est inutile d'apprendre. Dépité par l'arbitraire des notes et l'injustice des examens, il sombre dans une forme de passivité face à ce qu'on lui enseigne et conclut qu'il est « très bête et très mauvais de tâcher d'être le premier ». Dans l'un de ses essais pédagogiques, Tolstoï dresse un portrait des étudiants d'Oxford ou d'Heidelberg en zombies, obligés d'obéir à un professeur tout-puissant qui ne leur laisse jamais la parole ni le choix. Dans *La Délivrance de Tolstoï*, Ivan Bounine rapporte les propos qu'aurait tenus Tolstoï lui-même à un camarade d'université et qui enfoncent davantage le clou : « Que tirerons-nous de nos années à l'université, une fois revenus sur nos terres ? À quoi serons-nous bons, à qui serons-nous utiles ? La mort du prince Igor, le serpent qui mordit Oleg le Sage, qu'est-ce donc sinon des fables, et à qui sert-il de savoir que le second mariage d'Ivan le Terrible, qui l'unit à la fille de Temriouk de Kabardie, eut lieu le 21 août 1562, tandis qu'il convola pour la quatrième fois en 1572 avec Anna Koltovski ? Mais est-ce ainsi que l'histoire s'écrit ? Tout d'un coup, à partir de 1560, le terrible tsar Ivan, qui jusque-là était bienveillant et sage, se transforma en un tyran insensé et brutal. Comment et pourquoi ? Eh bien, c'est justement ce que l'on ne se demande pas ! »

Dans cette attaque en règle contre l'histoire médiévale telle qu'on l'enseigne à l'université, défilé de noms ronflants et de dates vides de sens, on sent l'arrogance du jeune homme qui ne s'est guère donné la peine d'apprendre et qui se projette déjà dans la position du châtelain à la tête d'un vaste domaine ; mais on détecte aussi l'appétence ici frustrée de l'écrivain pour une ligne narrative et une interrogation psychologique qui rendent compte de la complexité des phénomènes historiques. Le déficit de la science académique, sclérosée par la philologie et incapable de donner forme au cours de l'histoire, appelle déjà pour le corriger, bien avant *Guerre et Paix*, le roman.

Tolstoï paiera assez cher son refus de l'éducation universitaire, notamment lorsqu'il se met à publier des textes pédagogiques : beaucoup en critiquent l'aspect non systématique, quand on ne lui répond pas tout simplement qu'il devrait commencer par s'instruire pour apprendre ce que l'on doit savoir avant de chercher à l'enseigner aux autres. Il traîne la réputation d'un dilettante : lorsqu'il apprend, avec une facilité déconcertante, le grec ancien pour lire la Bible dans le texte, il se heurte, encore une fois, à l'incrédulité d'un professeur de langues anciennes de passage à Iasnaïa Poliana et qui doute fort que l'auteur puisse comprendre quoi que ce soit à la Septante après trois semaines intensives d'un équivalent de Berlitz. Il faut que Tolstoï lui lise ses traductions et commentaires pour que le docte enseignant accepte de croire que, même s'il a été éjecté d'une faculté des langues dans sa jeunesse, il est plus que doué.

En réalité, son échec de jeune homme aux portes de la connaissance a été une expérience formatrice. Il a engendré une remise en question profonde des savoirs établis, qui lui apparaissent parfaitement inutiles sur le plan pratique, et pas seulement pour les propriétaires terriens : si l'on y regarde bien, ils sont aussi profondément inadaptés aux enfants. Nikolaï, le petit héros d'*Enfance* (1852), s'interroge de manière moins naïve qu'on ne pourrait le croire après sa leçon de littérature ancienne : « Quand je serai grand, j'arrêterai d'étudier pour toujours et je passerai du temps non pas avec des dialogues, mais avec ceux que j'aime. » C'est dire l'ennui provoqué par la leçon particulière, mais aussi le bon sens de l'enfant qui sent le décalage entre ce qu'on lui apprend et ce dont son quotidien sera fait.

Dans *Anna Karénine*, la leçon de Sérioja, le fils adoré de l'héroïne, tourne au désastre. Après la fuite de sa mère avec son amant, l'éducation du petit garçon est reprise en main par le père, le sévère Alexeï Karénine, l'un des principaux hommes politiques de l'époque, également un grand bigot – en particulier depuis que sa femme l'a quitté pour un fringant officier. Pour que Sérioja devienne un bon chrétien (et accessoirement évite de se comporter comme un mécréant lubrique à l'instar de sa mère), il serait bon qu'il connaisse l'histoire biblique : Karénine fait donc réciter à son fils la liste des patriarches antédiluviens. Mais l'esprit du petit garçon se met invariablement à vagabonder à partir du nom d'Énoch. Pourquoi ? Parce que ce qu'il sait d'Énoch, c'est que Dieu l'aimait tant qu'il le transporta directement au Ciel sans le faire passer par une mort en bonne et duc forme. Cette idée entre en résonance avec la théorie loufoque et adorable que s'est constituée Sérioja, et qui suppose qu'il est capable par son amour de préserver ceux qu'il aime, de les empêcher de mourir – surtout cette mère qu'il ne voit plus et dont on lui a dit qu'elle était morte pour ne pas avoir à entrer dans des détails scabreux. L'histoire biblique prend ici sens au miroir de l'histoire tragique de l'enfant. Elle n'est pas pour lui le lieu d'une récitation obéissante, mais le terrain d'une méditation sur le pouvoir qu'a la religion de sauver de la mort. Il a beau avoir sept ou huit ans, il redécouvre ici un des fondements de la pensée chrétienne.

Mais pour son père, inattentif au flot des pensées profondes qui absorbent son fils, la leçon n'est pas apprise : Sérioja sera puni. Pire, à l'instar des professeurs de l'université de Kazan, Karénine met en doute les capacités de son fils d'apprendre : si l'histoire biblique, si nécessaire pour devenir un bon chrétien, ne l'intéresse pas, alors il y a fort à parier qu'il ne fera jamais d'effort pour apprendre quoi que ce soit. Karénine a beau se poser en autorité, il méconnaît ce qu'éduquer veut dire : à son savoir inerte et excluant s'oppose l'imagination bien vivante d'un petit garçon pour qui l'objet d'études, la Bible, constitue un répertoire d'histoires auxquelles on peut se raccrocher pour comprendre le monde. Et s'il désire à toute force inculquer à son fils les vérités chrétiennes, Karénine ne fait en réalité que répandre le faux : Sérioja a très bien vu que son père avait en fait besoin du livre saint pour lui faire la leçon et le grondait de ne pas savoir ce que lui-même maîtrise très mal. L'enfant remarque aussi le ton ampoulé et artificiel du sermon paternel : Karénine semble s'y adresser à « un de ces enfants imaginaires qui se trouvent dans les livres, et auxquels Sérioja ne ressemblait en rien ». Si l'enfant apprend quelque chose, c'est à entrer dans ce jeu de rôles et il répond sagement pour conclure la leçon « "Oui papa", [...] en jouant son petit personnage ».

À l'école de Tolstoï, une chose est sûre : il n'y aura pas de place pour ces éducations mortes. Les petits serfs n'ont pas besoin de se former aux usages délétères et hypocrites de la bonne société : l'apprentissage des bons usages ne fera donc pas partie du *curriculum*. Mais ils n'ont pas non plus besoin qu'on leur fasse réciter des leçons absconses – non parce que ce sont de petits serfs et que le savoir leur est inutile, mais parce que ce type de savoir est inutile pour tous les enfants. En fait, ils n'ont même pas besoin d'éducation.

Il s'agit là de l'un des principes les plus fondamentaux et les plus controversés de la pédagogie tolstoïenne. Tolstoï construit en effet tout son système éducatif sur l'idée de la nocivité de ce que l'on appelle « éducation ». La notion renvoie chez lui à l'imposition obligatoire d'un savoir qui se déverse sur l'enfant et qui vise à l'éloigner le plus possible de son milieu d'origine et de ses dispositions naturelles. Pour Tolstoï, éduquer, c'est considérer l'enfant comme un ignorant qu'il faut gaver de faits. Éduquer, c'est l'enfermer dans un rapport hautement hiérarchique où seule compte la transmission verticale du savoir. Éduquer, c'est fétichiser ce savoir à tel point qu'on le fige dans une forme plate et superficielle, où il perd sa capacité de donner sens aux événements. Éduquer, pour Tolstoï, est une des formes que prend la violence qui s'exerce entre les générations et entre les classes.

Et l'école traditionnelle est, dans une large mesure, le bras armé de cette violence. Pour mieux lutter contre cette dernière, Tolstoï affirme qu'il n'y a pas de droit à l'éducation. À l'heure où certains et surtout certaines doivent se battre pour aller à l'école, une telle phrase a de quoi choquer. Pourtant Tolstoï ne s'adresse pas ici aux élèves, mais aux maîtres. Il les invite à changer de perspective, à dépasser la certitude de la légitimité de leur démarche pour s'interroger sur l'efficacité de leurs pratiques. Car l'éducation n'est pas un impératif catégorique. À une époque où l'illettrisme est faramineux en Russie et que se multiplient les appels à développer un système scolaire unifié et efficace, Tolstoï oppose à ce courant au fond utile et progressiste un puissant rappel du fait que l'école n'est pas tout et n'a pas tous les droits. Il le sait bien par ses petits paysans, pour qui elle ne joue qu'un rôle modeste. Sans compter que, dans toute la société, bien des ignares mènent une vie heureuse, morale et bonne. Alors au nom de quoi oblige-t-on des enfants à rester assis toute la journée – surtout si c'est pour, *in fine*, leur inculquer des choses inadaptées, creuses et parfois nuisibles ?

Ce geste qui consiste à réinterroger le bien-fondé de nos pratiques et de nos certitudes, Tolstoï va en faire sa marque de fabrique. Il veut saper les bases de ces prétendus droits à disposer de l'autre dont nous usons en permanence. Vous mangez de la viande parce qu'on vous a dit que c'était bon pour la santé, parce que vous avez vu vos parents le faire – mais au fond, puisqu'on peut très bien vivre sans, et puisqu'il faut arracher la vie pour garnir votre assiette, êtes-vous sûrs de ne pas pouvoir vous en passer ? Pour mieux convaincre, il fait en 1892 entrer son lecteur dans les abattoirs de Toula, avec « La première étape », l'un des premiers textes russes qui promeuvent le végétarisme à travers une description sans concession des violences faites aux animaux. Les soldats, note-t-il, montent au front non par patriotisme, mais par obéissance, voire par habitude : il suffirait de leur ouvrir les yeux pour qu'ils s'aperçoivent qu'ils participent à une mascarade contre nature et, conclut-il, si les peuples savaient, il n'y aurait plus de guerre. Aux sources du regard critique qu'il entend développer, on trouve, dès les années 1860, l'école. Jetez sur les choses un regard sans préjugés, suggère-t-il : dans la Russie du milieu du XIXe siècle, l'école doit-elle être obligatoire ? Non. On vit très bien sans. De quel droit imposerait-on ce « droit » ?

Mais alors, il n'y a pas d'école chez Tolstoï, celle-ci est forcément mauvaise, soumise au péché originel de la contrainte qu'on exerce sur les apprenants ? Si, bien sûr, il y a une école. Mais l'école de Tolstoï est une école qui a appris à relativiser son propre rôle. C'est une école où les maîtres se sont interrogés sur leur position et ont renoncé à leur « droit à éduquer ». C'est une école qui ne vise pas à instruire, au moins pas au sens où on l'entend traditionnellement.

Dans un article célèbre publié dès 1862, au début de ses expérimentations pédagogiques, Tolstoï oppose deux termes : *vospitanie*, qui désignerait plutôt l'« instruction », notamment dans sa dimension disciplinaire, et *obrazovanie*, qui, comme l'allemand *Bildung*, met en avant le processus plus englobant de « formation » qui conduit l'enfant à devenir un adulte à peu près correct. Là où la première éducation se concentre sur les savoirs à acquérir pour correspondre à une norme imposée de l'extérieur, la seconde réfléchit à la manière de développer au mieux les qualités des enfants. Tolstoï vous dirait « à révéler leur nature divine », mais vous n'êtes pas obligés de le prendre au pied de la lettre : s'il est profondément religieux, « Dieu » ou « Jésus » renvoient chez lui à l'idéal d'une vie bonne et sont facilement solubles dans notre modernité athée.

Il ne cherche pas simplement à théoriser : sa distinction est une attaque en règle contre les pratiques de son époque. La première éducation est une éducation qui a perdu de vue son but premier : former des adultes libres. L'éducation est un grand projet, mais qui se contredit lui-même dès lors qu'elle veut imposer par la force les moyens de l'émancipation. Plus encore, Tolstoï rappelle que s'il y a un besoin d'école, alors il faut une école qui ne manque pas dès le départ son but, une école qui ne soit pas « entourée de la muraille de Chine constituée par la sagesse des livres », qui ne considère pas l'enfant comme un espace vide à remplir mais comme une personnalité à faire éclore. Comme cette école n'existe pas, il va la créer : il quitte l'université sans diplôme en 1847 ; deux ans plus tard, à vingt et un ans, il ouvre sur son domaine une école pour petits paysans, la première d'une longue série.

Comment ne pas savoir vivre

Après cette première expérience désastreuse à Kazan, les proches de Tolstoï se méfient – et ils ont peut-être raison, tant le futur grand homme file, de son propre aveu, un mauvais coton : il écrit dans sa *Confession* (1880), qui retrace son itinéraire spirituel et explique sa révolution intérieure, que durant les dix années de sa jeunesse maudite, « il n'y a pas un crime [qu'il n'ait] commis ». Lorsqu'il est en âge d'hériter, sa famille, pressentant un désastre, s'empresse de lui octroyer le domaine le moins reluisant de la dotation, ce Iasnaïa Poliana qui va devenir un lieu mythique et dont il va effectivement perdre tout de suite au jeu la maison de maître. Décidément, Tolstoï pourrait intégrer la cohorte des écrivains qui passent pour les ratés de la famille. Lui-même est très complexé par son grand frère Nikolaï, dont il admire les facilités et auquel il aimerait tant ressembler. Car s'il y a un principe directeur de la vie de Tolstoï, c'est bien le souhait ardent de mener une vie bonne, authentique, qui a du sens et n'est pas un monstrueux gâchis… comme celle de Nikolaï qui mourra jeune sans rien avoir accompli. C'est bien pour cela que Tolstoï essaie tant bien que mal de se discipliner. C'est l'âge des grandes résolutions, et de leur échec piteux.

En sortant (de force) de l'Université, Tolstoï part à Saint-Pétersbourg, alors la capitale de l'Empire, et envisage de suivre le cursus universitaire qui lui permettrait de devenir fonctionnaire : ce choix peut paraître étrange, mais il s'agit d'une tradition nobiliaire remontant à

Pierre le Grand, le tsar qui, un siècle et demi avant, avait souhaité faire entrer la Russie dans la modernité et pensait que le meilleur moyen d'y parvenir était d'obliger les nobles à faire des études et à collaborer à la pléthorique administration de l'État. Cette fois, Tolstoï ne met pas son projet à exécution, tant il se consume dans la débauche et les regrets de gaspiller son argent.

Mais il a 19 ans, il est devenu le propriétaire terrien qu'il ambitionnait d'être, et veut s'accomplir pleinement. Le jeune homme détaille dans son journal intime les grands plans qui le lui permettront. C'est tout un *curriculum*, extrêmement ambitieux mais aussi assez bien ficelé, qui se dessine ici :

1. *Étudier toutes les connaissances juridiques nécessaires à mon examen final à l'université.*
2. *Étudier la médecine pratique, et une partie de la médecine théorique.*
3. *Apprendre parfaitement le français, le russe, l'allemand, l'anglais, l'italien et le latin.*
4. *Étudier l'agronomie, à la fois en théorie et en pratique.*
5. *Étudier l'histoire, la géographie et la statistique.*
6. *Étudier les mathématiques (le programme scolaire).*
7. *Écrire une thèse.*
8. *Atteindre un plus haut degré d'accomplissement en musique et en peinture.*
9. *Écrire les règles de la vie.*
10. *Acquérir quelques connaissances en sciences naturelles.*
11. *Écrire des articles sur tous les sujets que j'étudierai.*

Pour un étudiant paresseux, il y a là une sacrée soif de savoir, et surtout un désir d'être à la pointe de son époque : témoin la mention de la statistique, qui connaît un vif engouement en ce milieu de XIXe siècle et que les progressistes russes considèrent comme la clé pour réformer la société. Dostoïevski en fait une amère satire dans *Crime et châtiment*, où le héros Raskolnikov se reproche d'être venu en aide à son prochain – en l'occurrence sa prochaine. Celle-ci prend la forme d'une jeune fille ivre en passe d'être agressée sexuellement et que l'étudiant pauvre met dans un fiacre pour la protéger, y laissant ses derniers kopecks – alors que le fiacre s'éloigne, il s'en mord les doigts, car, outre le fait qu'il n'a plus de quoi dîner, la statistique de Quételet n'enseigne-t-elle pas que, quoi qu'on fasse pour soutenir les femmes, il y aura toujours le même pourcentage de prostituées dans une société donnée ? Pour Dostoïevski, cette rationalisation est le signe que la modernité positiviste est viciée, puisqu'elle freine notre empathie naturelle et notre tendance à la bonté. Tolstoï en fera aussi, à terme, la critique, mais pour l'instant il est fasciné par l'idée de progrès scientifique et veut en savoir plus sur la nouvelle discipline à la mode.

Surtout, on voit dans cette liste la volonté d'atteindre la perfection par la méthode. Tolstoï désire organiser son chemin dans l'existence de la manière la plus systématique possible et il croit *mordicus* aux règles. Le critique Andrew D. Kaufman a relevé dans son journal les nombreuses entrées comportant le terme : « Règles pour développer la volonté physique », « Règles pour développer la volonté émotionnelle », « Règles pour développer la volonté rationnelle », « Règles pour développer la mémoire », « Règles pour développer l'activité », « Règles pour développer les facultés intellectuelles », « Règles pour développer les sentiments nobles et éliminer les sentiments vils – ou, pour le dire autrement, règles pour développer le sentiment de l'amour et éliminer le sentiment de l'amour-propre », « Règles pour développer le jugement ».

Sur le papier, tout semble clair et facile… Sur le papier seulement, car cette belle organisation s'effondre lorsqu'on lit plus loin : « La première règle que je prescris est la suivante : n° 1 Mettre en œuvre ce qu'on a décidé… Je n'ai pas encore mis en œuvre cette règle. » Plus tard, Tolstoï avouera : « Il est plus facile d'écrire dix tomes de philosophie que de s'appliquer le moindre principe dans la pratique. » Il sait, et ne sait pas, comment vivre. Il n'est guère étonnant qu'il se retrouve dans le modèle de la confession issu de Saint-Augustin et surtout de Rousseau (dont le jeune Tolstoï porte le portrait en médaillon), où l'on s'examine sous toutes les coutures, souvent pour mettre au jour des faits dont la vérité dégradante contraste avec l'image que l'on a ou voudrait avoir de soi. Plus loin dans le journal, c'est la liste des défauts qui l'ont perdu que l'on trouve : « 1) indécision, c'est-à-dire manque d'énergie 2) illusion sur soi-même 3) précipitation 4) fausse honte 5) mauvaise humeur 6) confusion 7) esprit d'imitation 8) inconstance 9) irréflexion. »

Dans l'intervalle béant entre le moi rêvé et le moi réel, on voit émerger les deux pôles qui définissent la personnalité de Tolstoï, comme homme et comme romancier : il a un goût pour la généralisation, l'abstraction, l'idéal, il élabore de grands plans glorieux, mais il est bien conscient que la réalité singulière des situations vécues met toujours en échec le schéma imaginé, que le réel résiste, que « les faits sont têtus », comme dira plus tard Lénine. Le journal de Tolstoï regorge de notes désespérées où il se lamente de voir ses bonnes résolutions achopper sur la vie quotidienne et ses séductions : « Je suis si dégoûté de moi-même que je souhaiterais oublier ma propre existence », écrit-il après une perte colossale aux cartes. Cette volatilité le poursuit toute sa vie. L'un des enfants Tolstoï, qui s'appelle aussi Léon, rappellera dans ses souvenirs la brusquerie avec laquelle son père abandonne ses idéaux chrétiens : en pleine période de jeûne strict (il y a de toute façon dans l'orthodoxie plus de jours de diète que de jours fastes), voyant sa famille se régaler d'un bon repas, il interpelle son fils « Ilia, passe-moi les côtelettes ! ». Après plusieurs années d'observance parfaite, plus jamais il ne sera question pour lui de faire carême.

Tolstoï mettra des années à se réconcilier avec cette vérité, qui veut que l'on ne soit jamais fidèle à ce que l'on souhaiterait être – et que c'est peut-être tout aussi bien comme cela. Il faut sans doute attendre l'écriture de *Guerre et Paix*, achevé en 1869, et le personnage de Pierre Bezoukhov – dont on ne sait pas s'il est vraiment le héros, parce qu'il n'est ni très héroïque ni *glamour*, mais c'est en tout cas le seul des deux candidats au statut de héros qui survive. Pierre incarne une quête marquée par les doutes et les échecs, il est la figure de celui qui cherche un sens supérieur à sa vie et ne cesse de retomber dans la poisse du quotidien. Il mange trop, boit trop, croit un temps rencontrer la vérité chez les francs-maçons, mais ses bonnes résolutions, comme celles de Tolstoï, ne durent jamais.

À la fin du roman, il retrouve après des années de séparation son amie Natacha Rostov : devant elle, il évoque avec nostalgie et respect sa femme Hélène Kouraguine, la plus belle garce du roman, qui lui en a fait voir des vertes et des pas mûres, l'a trompée avec tout Saint-Pétersbourg et même avec le tsar, avant de mourir dans d'atroces souffrances qui semblent les suites d'un avortement. Le lecteur est un peu sceptique devant ce recueillement marital, mais il n'y a pas là d'hypocrisie, car Pierre se rend lui-même compte que ce qu'il dit à Natacha n'est pas tout à fait vrai. Il songe que d'ailleurs, quelques heures plus tôt, dans son lit, c'est la seule disparition du splendide corps d'Hélène qui l'avait rendu triste et songeur. « Comme elle était belle ! », songe-t-il – on pourrait presque traduire « comme elle était *sexy* ! » (*kak ona khorocha !*), car c'est bien cela qu'il a en tête. Inconséquence, voire inconsistance du personnage ? Pas du tout, suggère Tolstoï, et cette fois le personnage n'aura pas honte de son revirement. Il rappelle que rien n'arrête jamais le mouvement du vivant. La vie n'est pas figée : la révélation de son sens ne peut se faire en cherchant une vérité unique et abstraite à atteindre de manière rationnelle, mais au contraire en épousant le cours ininterrompu et parfois houleux qui nous projette toujours à côté de nos attentes. C'est aussi une des conclusions de *Guerre et Paix*, que l'un des personnages exprime après une perte au jeu d'un montrant très... tolstoïen : « Une fois que nous avons été éjectés des voies que nous frayons ordinairement, nous pensons que tout est perdu ; mais c'est seulement là que le nouveau et le bon peuvent commencer. »

En attendant, le Tolstoï des jeunes années (il se passe en gros dix ans entre son entrée à l'université de Kazan en 1844 et son premier texte publié, *Enfance*, en 1852) se cherche. Plus encore, il adopte successivement différents scénarios d'existence par lesquels il espère à chaque fois que sa vie va se stabiliser, trouver une forme, devenir un trajet cohérent vers son but. Il manifeste même un côté Bouvard et Pécuchet du développement personnel, enchaînant avec enthousiasme différents modèles qui s'étiolent tous plus rapidement les uns que les autres.

Il essaie d'abord de devenir un bon propriétaire terrien mettant en valeur ses terres selon des principes modernes et traitant correctement ses paysans encore asservis. Il s'adonne à l'apiculture, achète des terres riches en *tchernoziom* près de Samara, sur la Volga, en espérant qu'elles vont être fertiles et gagner de la valeur, se prend de passion pour l'élevage de chevaux. Bientôt, il nouera une amitié étroite avec Afanassi Fet, le principal poète de la seconde moitié du XIXe siècle, lui aussi amoureux de la gent équestre : la correspondance entre ces deux géants de la littérature russe est plus nourrie en commentaires sur les dernières bêtes acquises que sur la poésie ou le roman. Est-ce le signe que c'est la voie à suivre pour notre auteur qui veut s'ancrer dans le réel et y faire œuvre utile ? Malheureusement pour Tolstoï, les serfs du domaine refusent en 1856 d'être affranchis, et lui-même se sent un peu à l'étroit dans les questions agraires.

Alors, pourquoi ne deviendrait-il pas soldat ? L'armée russe a déjà commencé à ravager le Caucase, devenu au XIXe siècle son lugubre terrain de jeu, puis en 1853 se déclenche en Crimée une guerre d'une grande violence qui oppose la Russie à une coalition rassemblant la France, le Royaume-Uni, l'Empire ottoman et le Royaume de Sardaigne et où l'un de ses frères vient de s'engager : c'est l'occasion idéale d'essayer l'*ethos* du guerrier. Au front, il acquiert la réputation d'être aussi brave qu'indiscipliné : c'est une vraie tête brûlée, qui met constamment sa vie en jeu. Il tire de cette expérience des textes au réalisme cru, qui témoigne de l'existence précoce chez lui d'une sensibilité antimilitariste : *Les Cosaques*, puis une série de récits décrivant les horreurs de la guerre lors du siège de Sébastopol et qui, dit-on, tirèrent des larmes à l'impératrice dans son palais de l'Ermitage. « Sébastopol en décembre 1854 », « Sébastopol en mai 1855 », « Sébastopol en août 1855 »... Tolstoï a peut-être senti que le filon s'épuisait, même si ses *Récits de Sébastopol* lui apportent une notoriété littéraire dont la trilogie *Enfance. Adolescence. Jeunesse*, publiée à partir de 1852, avait déjà jeté les bases.

Démobilisé (la Russie l'a perdue, cette guerre), Tolstoï rentre à Iasnaïa Poliana avec la ferme intention d'abandonner la carrière littéraire. Mais, lassé de son costume de *gentleman farmer*, le petit hobereau de province veut essayer celui du maître d'école. Comme il l'écrit à une connaissance, à quoi bon le télégraphe, les routes, les bateaux à vapeur, les armes, la culture, les fondations de charité, les académies des Beaux-Arts dans la Russie de son époque ? Tout cela est prématuré en l'absence d'une authentique éducation populaire. C'est dans ce contexte que va ouvrir, en 1859 (Tolstoï a alors 31 ans), la principale école de Iasnaïa Poliana.

C'est ici que mon récit diverge des biographies ordinaires de Tolstoï. On a l'habitude de considérer l'école de Tolstoï comme l'une des multiples activités qui distraient le grand auteur entre l'écriture de deux chapitres. Mais en réalité, la préoccupation pédagogique traverse, on l'a dit, toute la vie de l'auteur : ce n'est pas un passe-temps, c'est une vocation. On la retrouve à tous les étages de son existence.

À la critique de l'enseignement traditionnel, en particulier universitaire, qui a marqué les toutes jeunes années, succède en effet une volonté de mettre en place une éducation véritable. Après sa première tentative de 1849, il ouvre dix ans plus tard une école pour accueillir vingt-deux enfants (ils seront 70 à sa fermeture en 1862) entre 5 et 15 ans, garçons et filles mêlés, sous la houlette de douze enseignants. Cette structure est destinée aux enfants de paysans (lesquels composent, d'après le recensement de 1860, un tiers de la population russe, soit 23 millions d'âmes). En 1860, Tolstoï entame un long voyage pédagogique à travers l'Europe, pour visiter les établissements les plus avant-gardistes et mettant en place des pratiques alternatives.

À son retour, en 1861, il installe vingt nouvelles écoles dans les villages avoisinants et l'année suivante fonde son premier journal, *Iasnaïa Poliana*, entièrement dédié aux questions pédagogiques et où paraissent articles théoriques (dont celui de 1862 sur les deux types d'éducation), comptes rendus d'expériences concrètes et même un *appendix* littéraire où sont publiées des œuvres écrites pour les paysans et les meilleures compositions des petits serfs qui fréquentent l'école. Malheureusement, la police s'inquiète de ces activités et profite d'un séjour de Tolstoï à Samara pour faire un raid – pardon, une perquisition – à la recherche de matériaux qui démasqueraient des projets séditieux dont l'école serait la couverture. Les agents du Troisième Département, qui regroupe la censure et les services secrets, mettent à sac le bureau de l'auteur, interrogent toute la maisonnée, lisent devant eux les journaux et la correspondance de Tolstoï et vont même jusqu'à sonder l'étang à la recherche d'une presse clandestine (et apparemment sous-marine). Revenu sur ses terres, Tolstoï, furieux, ferme ses établissements et jure de mettre un terme à toutes ses entreprises pédagogiques. Il vient de se marier et se met à écrire *Guerre et Paix*, qui l'occupe pendant six ans.

Il ne tiendra pourtant pas sa promesse : il rouvre l'école de Iasnaïa Poliana en 1872, avant de la fermer à nouveau fin 1873 quand il s'estime débordé par la rédaction d'*Anna Karénine*. Mais il se met en parallèle à publier des livres pédagogiques, au premier chef l'*Azbouka*, le célèbre abécédaire qui est d'abord refusé par les autorités en place (le ministre de l'Éducation nationale était son propre cousin Dmitri Tolstoï, un obscurantiste notoire qui persécuta les étudiants et réinstaura l'étude des langues anciennes pour tous les écoliers). Le *Nouvel Abécédaire* voit le jour en 1875 ; en 1878-1879, l'édition complète et révisée est finalement validée par le ministère, auprès de qui Tolstoï fait aussi accepter les *Livres russes pour la lecture* écrits en 1876 et qui rassemblent de nouvelles histoires pour apprendre à lire aux enfants.

La deuxième école de Iasnaïa Poliana fait donc long feu, mais Tolstoï a toujours l'éducation en tête. Surtout après 1880, quand il renonce à la « littérature ». La totalité de son œuvre devient alors didactique : pour ses pairs, il écrit des essais sur la religion et l'État, promeut le végétarisme et la non-violence. Pour les adultes moins instruits et qui n'ont pas le temps d'y remédier, il met au point un *Cercle de lecture*, ouvrage constitué de citations et d'aphorismes tirés des grands auteurs (dont lui-même) et qui fonctionne comme un livre de sagesse dont on lit une page chaque jour de l'année – avant de recommencer l'année suivante pour approfondir. Pour les enfants, il écrit des histoires édifiantes, parfois en collaboration avec eux (c'est le cas de *L'Enseignement du Christ exposé aux plus jeunes*, rédigé avec les petits paysans de son domaine entre 1907 et 1908) et en 1909, à la veille de sa mort, il publie encore un recueil de *Sagesse enfantine*. C'est aussi de ces années que datent ses deux textes pédagogiques les plus cités, versions abrégées de la pensée et l'œuvre d'une vie, une lettre à son biographe Pavel Birioukov en 1901 et une autre à son secrétaire Valentin Boulgakov en 1909, souvent considérée comme son testament en la matière.

Que conclure de ce rapide parcours biographique ? Sans doute que l'école est l'épine dorsale de la vie de Tolstoï. Le grand homme a beaucoup évolué, il a récusé nombre de ses principes, il a souvent été en contradiction avec lui-même, mais ce qui n'a jamais changé, c'est qu'il voit dans l'éducation un espace où il doit absolument agir, par tous les moyens possibles.

Et plus encore, l'école est ce à quoi Tolstoï revient toujours quand il ne souvient qu'il ne sait pas vivre, quand il est confronté au poids d'une existence qui ne le satisfait pas, à la difficulté d'être soi-même. On l'a dit, Tolstoï rédige durant la même période, dans la décennie 1870, deux de ses livres les plus importants – *Anna Karénine* et l'*Abécédaire*. Sa femme Sofia et son éditeur Mikhaïl Katkov sont épouvantés à l'idée que le second puisse prendre le pas sur le premier, qui a déjà commencé à paraître en feuilleton. D'autant que Tolstoï se plaint que le roman est trop dur à écrire, et même qu'Anna est « aussi inintéressante qu'un radis ». En réalité, dans l'épreuve majeure qu'a constituée la rédaction de ce texte, et qui n'est pas pour rien dans le refus du genre romanesque dans lequel Tolstoï tombe quelques années plus tard, l'école n'est pas ce qui éloigne l'écrivain de sa table de travail : c'est au contraire ce qui lui permet de tenir.

Pourquoi ? Parce que l'école est, comme l'a deviné Ilya Vinitsky, une planche de salut. À l'école, on rencontre des gens qui n'ont pas besoin de savoir vivre : les enfants en ont la connaissance innée, Tolstoï l'a tiré de Rousseau. Et c'est la raison pour laquelle ce Tolstoï qui veut apprendre à vivre est si intéressé par les jeunes âmes qui n'ont pas besoin de ses leçons en la matière, même si elles peuvent tirer bénéfice d'autres enseignements ; c'est la raison aussi pour laquelle l'école de Tolstoï a pour but essentiel de ne pas dénaturer l'enfant – pas parce qu'il serait d'emblée bon et parfait, mais parce que, selon Tolstoï, il a la chance d'être fidèle à lui-même, loin des mensonges et des contradictions que la société fait proliférer et qui sont les fondements de l'éducation traditionnelle. Dans la grande interrogation sur la vie bonne qui tantôt mine, tantôt anime Tolstoï, le contact avec les élèves le rassure et l'apaise : il est une soupape, une respiration dans sa quête permanente de solutions existentielles valables.

On trouve dans ce geste qui consiste à donner leur chance aux simples, à voir ce qu'ils ont à nous apprendre, le fondement de la maigre philosophie tolstoïenne de l'existence. La plupart de ses héros font une expérience similaire auprès des paysans : Pierre Bezoukhov rencontre Platon Karataïev dans la tourmente napoléonienne et apprend auprès de lui à durer et endurer ; Konstantin Lévine, également habitué des crises existentielles et *addict* aux conseils de *self help*, commence par compulser frénétiquement la quasi-totalité de la philosophie occidentale, avant de se rendre compte lors d'une conversation avec son *moujik* Fiodor, qui agit sur lui comme une « étincelle électrique », que celui-ci en sait davantage sur le sens de la vie que tous les penseurs du passé.

À la fin de sa vie, on l'a dit, Tolstoï compose lui-même un livre de sagesse : c'est le *Cercle de lecture*, qui paraît en 1904. Y figurent en bonne place les versets de l'Évangile selon saint Matthieu qui incitent à redevenir de petits enfants pour entrer au royaume de Dieu. Tolstoï les complète avec deux autres versets prononcés par Jésus selon le même évangéliste : « Je te loue, Père, Seigneur du ciel et de la terre, de ce que tu as caché ces choses aux sages et aux intelligents, et de ce que tu les as révélées aux enfants. » Pour trouver la sagesse ultime, il faut donc revenir au début, se mettre à l'école des plus jeunes. Tolstoï est un homme qui veut éduquer parce qu'il veut en fait apprendre, qui se fait maître parce qu'il passe sa vie à se chercher, qui pense qu'on enseigne d'abord parce qu'on veut se réparer.

C'est ce qu'il écrit à sa tante Alexandrine le 7 août 1862, après l'incursion policière : « Tu sais ce qu'a été pour moi cette école depuis que je l'ai ouverte. C'était toute ma vie, mon monastère, l'Église par laquelle je me sauvais et par laquelle je me sauve encore de toutes mes angoisses, de tous mes doutes, de toutes les tentations de ma vie. » À l'époque, cette déclaration a valeur de testament, car il pense qu'il ne rouvrira plus jamais d'école après que son œuvre pédagogique a été mise en pièces par les sbires du ministère. Il n'en sera rien.

Comment ne pas finir le programme

L'école saccagée par la police n'est ni la première, ni la dernière de Tolstoï. Mais elle a été entre 1859 et 1862 le lieu d'une aventure commune, loin des efforts de théorisation que déployaient les pédagogues de l'époque. Car Tolstoï ne crée pas son école pour prouver la validité de ses méthodes éducatives – il n'en a pas – ni pour faire découvrir aux enfants des matières sur lesquelles il aurait une expertise particulière – il ne connaît rien à rien. Voilà le portrait peu flatteur qu'il brosse de lui dans une entrée de son journal datant de 1854 (il a alors 26 ans) :

> *Voyons voir quelle est ma personnalité. Je me comporte mal, je suis maladroit, désordonné et je n'ai reçu aucune éducation à la bonne société. Je suis irritable, ennuyeux pour les autres, impudique,* intolérant[1] *et timide comme un enfant.*
> *Je suis presque ignorant. Ce que je sais, je l'ai appris par moi-même, par bribes, sans lien, sans fruit, et tout ça mis ensemble ne fait presque rien. Je suis intempestif, indécis, instable, follement vaniteux et ardent, comme tous les hommes sans esprit. Je ne suis pas courageux. Je suis négligent dans la vie et si paresseux que l'oisiveté est devenue pour moi une habitude presque irrésistible. Je suis intelligent mais mon esprit n'a pas été testé sur quoi que ce soit. Je n'ai ni l'esprit pratique, ni l'esprit théorique, ni l'esprit d'initiative. Je suis honnête, c'est-à-dire que j'aime le*

1. En français dans le texte.

bien, j'ai pris l'habitude de l'aimer, et quand je m'en écarte je ne suis pas content de moi et j'y retourne avec plaisir ; mais il y a une chose que j'aime plus que le bien – c'est la gloire.

Qui voudrait d'un tel maître ? Moins de cinq ans plus tard, Tolstoï décide pourtant de (re)fonder une école. Pour y enseigner quoi ? Il ne le sait pas lui-même : « Je m'installai à la campagne et décidai de m'occuper des écoles de paysans. Cette occupation m'était particulièrement agréable. [...] Mais en réalité, je tournais toujours autour de ce même problème insoluble, qui consistait à enseigner sans savoir quoi. [...] Je biaisais pour satisfaire ma libidineuse démangeaison d'enseigner, tout en sachant très bien, en mon for intérieur, que je ne pouvais rien enseigner d'utile pour la bonne raison que j'ignorais moi-même ce qui était utile. »

Tolstoï n'a reçu aucune formation pédagogique particulière, il n'a d'ailleurs aucun diplôme, c'est un ancien soldat, un ex-littérateur (croit-il) et un propriétaire terrien affairé : comment saurait-il ce qui vaut la peine d'être enseigné ? Mais ne nous méprenons pas : il ne s'agit pas pour lui de consigner ses doutes de débutant. Il veut au contraire affirmer crânement sa différence en termes de pédagogie. Car Tolstoï pense qu'en matière d'éducation, il n'est pas utile de savoir faire – il faut au contraire laisser faire. Le malheur des classes populaires vient de ce qu'on ne leur laisse aucune latitude pour choisir la voie du progrès qu'ils préfèrent. Celui des petits écoliers, de la rigidité d'un système qui se pique de construire des méthodes, d'élaborer des programmes, de mettre au point des théories. De méthode, lui, il n'en aura jamais. Il se fiche de finir le programme : son école forme à autre chose.

Dans son grand article de 1862 « Projet d'un plan général pour l'organisation des écoles populaires », Tolstoï passe au crible le dispositif projeté par le gouvernement russe dans un premier et louable effort d'instaurer un système d'éducation unifié. Mais Tolstoï est réfractaire à l'idée de système. Toute tentative verticale de mettre de l'ordre dans l'enseignement lui semble signer un profond divorce avec la vie : « "Article 63. Les élèves peuvent entrer à l'école primaire à partir de l'âge de huit ans" – Pourquoi à partir de huit ans et non à partir de six ans et trois mois et demi ? », commente-t-il. En 1875, dans l'une de ses fables édifiantes, il imaginera la figure adorable de « Philippok », petit paysan obstiné qui s'enfuit de chez lui... pour aller à l'école alors qu'on le lui a interdit : il est bien trop jeune ! Après avoir affronté la neige et les chiens du village, il parvient à se faufiler dans la salle de classe, où il convainc le maître de le garder en lui démontrant qu'il sait déjà lire.

On retrouve là, suggère Tolstoï, la marque d'une pédagogie formalisée qui, par son approche trop théorique, transforme tout en une science absurde : si elle cherchait « comment l'homme doit marcher [...], elle se mettrait à formuler des règles pour la marche et à les enseigner aux enfants, leur prescrivant de contracter certains muscles, d'en relever d'autres ». Sur ses vieux jours, il revient à cette idée qui l'obsède dans une fable intitulée *La Destruction de l'Enfer et sa restauration* (1902-1903) : elle révèle la corruption du message du Christ par les « démons de l'éducation et de la science » qui remplacent le savoir véritable par l'esprit pédant. La théologie devient ainsi un instrument qui permet d'empêcher les gens de penser à la meilleure manière de mener une vie bonne ; quant à la philosophie, au lieu de prendre en charge cette question, elle se transforme en l'étude de « tout ce qu'un homme appelé Aristote a écrit ».

Mais au fond, Tolstoï reproche à la politique éducative de son temps de manquer du plus élémentaire bon sens. Elle ferme les écoles alternatives et détermine une liste de matières à respecter impérativement, mais qui parmi les propriétaires terriens acceptera de fonder un établissement s'il n'a pas la liberté de choisir les maîtres et ce qu'ils enseigneront ? Elle élabore un programme commun, qui consiste contre toute logique à obliger les enfants les plus modestes à apprendre la même chose que les rejetons des classes aisées – alors qu'ils seront loin d'avoir la même vie. Elle procède, par souci de rationaliser, à des regroupements en supprimant les petites structures présentes dans les villages, au profit d'écoles plus grandes, aux bâtiments plus modernes, aux enseignants mieux formés... et où aucun enfant ne se rend, car elles sont trop loin de chez eux. Elle planifie un *curriculum* à l'année, là où Tolstoï défend l'idée d'une « école de l'hiver » : les petits paysans sont de toute façon tous occupés aux champs l'été, où ils apprennent autre chose et autrement. S'il s'agit de former les couches populaires aux défis réels de la vie, le programme du gouvernement obtient un zéro pointé.

Tolstoï propose en toute immodestie de se substituer à ce pouvoir défaillant. Il a, lui aussi, un plan et veut « diffuser l'éducation dans le peuple, publier une revue pédagogique, fonder des écoles là où il n'y en a pas et où le besoin s'en fait sentir, mettre au point le contenu de l'enseignement, assurer la formation des maîtres, doter les écoles des ressources matérielles nécessaires, contribuer à une gestion démocratique du système scolaire, etc. » Il espère que l'État lui fera confiance et si ce n'est pas le cas, il songe à fonder une société secrète pour l'éducation populaire. L'État ne lui fera pas confiance et, on l'a dit, lui fera payer cher ses moqueries à son encontre en mettant son école à sac, ce qui en retour passera à Tolstoï l'envie de se lancer dans la création d'un réseau souterrain de maîtres d'école révoltés.

Le point que Tolstoï ne cesse de marteler est qu'il est impossible de définir le programme d'une éducation populaire : celle-ci ne doit pas en avoir. D'abord pour des raisons toutes pragmatiques : les enfants des couches les plus pauvres viennent à l'école quand ils le peuvent. À l'école de Tolstoï, ils n'auront donc pas d'exercices qui reposent sur la répétition, comme la calligraphie ou l'apprentissage de règles et de tables. Ils apprendront à compter grâce aux chiffres romains qui offrent une représentation mathématique moins abstraite que les chiffres arabes. Cette assiduité en pointillé est aussi ce qui le pousse à produire du matériel pédagogique adapté : son *Abécédaire* finalisé en 1875 est conçu pour permettre d'apprendre à lire à des enfants qui ne voient pas les bancs de l'école tous les jours. Plus tard, *Le Cercle de Lecture* élargit ce principe aux adultes : ses aphorismes pour chaque jour de l'année permettent à ceux qui n'ont pas le temps de lire de continuer à s'instruire.

Ensuite, ce refus du programme procède d'un véritable questionnement sur ce qui mérite d'être appris. Tolstoï constate que le savoir formaté que l'on enseigne aux enfants dans les rares écoles publiques existantes ne les forme pas véritablement : un enfant épanoui et gai en dehors de l'école prend une mine sinistre dès qu'il pose le pied dans la salle de classe, et surtout, nous dit-il, on a l'impression que « son âme, comme un escargot, s'est recroquevillée dans sa coquille ». Car dans le projet de Tolstoï, l'école a un but moral, spirituel et pratique : pour le réaliser, la meilleure méthode est l'absence de toute méthode – il faut permettre aux enfants de venir à l'école quand ils le souhaitent, remplacer les cours par des interactions libres entre l'enseignant et les élèves, laisser à ces derniers le choix des sujets. Il faut laisser les choses se faire, et non tenter de les maîtriser.

Ici encore, l'école apparaît comme l'un des laboratoires de la pensée tolstoïenne dans son ensemble. Vous souvenez-vous que Gandhi avait Tolstoï pour maître ? Il tenait de lui la notion de résistance passive au mal – l'idée, en définitive, que ne rien faire, ne pas agir (et surtout, dans le cas de Gandhi ne pas réagir, ne pas répondre au mal par le mal), c'est faire plus efficacement. Vous pensez qu'il s'agit là d'une énième variante de la neurasthénie russe ? Pas du tout, d'abord car en matière d'éducation comme ailleurs, il n'est pas facile de ne rien faire – on connaît la volonté inentamable de ceux qui à la suite de Tolstoï et Gandhi pratiquent le refus systématique d'obtempérer, mais vous-même, avouez que vous avez bien souvent dû vous faire violence pour ne pas souffler la bonne réponse à un enfant. Ensuite, car Tolstoï, avec sa philosophie de la non-violence, de la non-intervention, de la non-immixtion sur le territoire d'autrui, puise en réalité aux sources de la spiritualité russe qui suppose qu'on n'est jamais plus proche du Christ et du divin que lorsqu'on se défait de tout, qu'on expérimente le rien, qu'on retient son geste. Deux des saints les plus vénérés de l'orthodoxie sont deux frères, Boris et Gleb, qui se sont fait massacrer par leur propre cousin, opportunément surnommé Sviatopolk « le Maudit », à une époque où la Russie ancienne ressemblait à une vaste scène de fratricide à ciel ouvert. Mais eux n'ont pas résisté, ils se sont soumis au destin ou à la volonté divine et en sont morts. Dans l'art de l'icône, on les représente côte à côte, jeunes, splendides, le regard ferme : ce sont des saints glorieux parce qu'ils n'ont, littéralement, rien fait. Leur refus de se défendre n'est pas un suicide absurde : il arrête *de facto* la spirale de la violence qui menace de tout engloutir. Le geste tolstoïen idéal consiste, à l'instar de Boris et Gleb, à « ne pas » : ne pas se battre, ne pas manger de viande, ne pas faire l'amour (quand on y arrive). Et en tout premier lieu ne pas faire classe, mais laisser les enfants la faire eux-mêmes.

Comment cela se passe-t-il dans les faits, dans cette école de 1859 ? Un grand panneau annonce au-dessus de l'école : « Entrée et sortie libres ». Tolstoï a déterminé un ensemble de matière à étudier, mais sans ordre strict : on s'attarde sur une leçon ou on la saute en fonction de l'intérêt des enfants. Le cours proprement dit est remplacé par une longue conversation avec les élèves, où le maître est chargé d'écouter et de modifier ce qu'il entend, plutôt que de parler le premier. S'il a recruté une équipe d'enseignants formés à son absence de méthode, Tolstoï ne manque pas de s'impliquer : il adore faire aux enfants des récits tirés de sa propre expérience ou de l'histoire russe – lui-même ne tardera pas à se mettre à l'écriture de *Guerre et Paix* et révise à cette occasion ses connaissances sur les guerres napoléoniennes. Il aime également se promener avec les élèves pour leur décrire la nature et participe aussi activement... aux cours de gym. Pas de devoirs, ni de punitions pour mauvaise conduite ou mauvaise note, évidemment. Les enseignants se rassemblent le dimanche pour discuter de l'organisation à venir, mais seulement à l'échelle de la semaine, et sans obligation pour personne de suivre le schéma envisagé. Dans un journal commun, ils peuvent noter les points qui ont plu ou déplu à leurs ouailles. On écoute aussi les souhaits des enfants, des parents, et on s'adapte. L'école est, chose rare à l'époque, ouverte aux filles.

Nous connaissons bien l'organisation pratique de cette école (et de la vingtaine d'autres qui va bientôt ouvrir dans la région sur le modèle de celle-ci), car elle est longuement décrite par Tolstoï dans des articles qu'il fait paraître durant toute l'année 1862 dans son journal *ad hoc*, *Iasnaïa Poliana*. Les cours commencent entre 8 et 9 heures du matin, puis reprennent après une pause méridienne jusqu'à 16 heures environ. Cela donne cinq à six heures de cours par jour, auxquels les élèves peuvent assister en totalité ou en partie. Chacun vient quand il veut, s'assoit où il veut, part quand il le souhaite. Tolstoï prétend que les enfants sont très assidus en général et que, quand c'est lui qui fait la classe, ils restent jusque tard dans la nuit. Loin des pensums et des châtiments corporels, l'école avec Tolstoï est amusante : les enfants ne veulent pas la quitter, nous dit-il. Les parents ne protestent pas, semble-t-il : il faut dire que, quand l'école ouvre, ils sont encore serfs sur le domaine.

Qu'il enjolive ou non la réalité, Tolstoï tient à mettre l'accent sur la soif d'apprendre de ses élèves, car c'est elle qui légitime son projet alternatif – une école où l'on n'apprend pas simplement les bases de la grammaire, mais aussi à développer imagination, curiosité intellectuelle et talents d'écriture. De manière assez logique, l'écrivain a été le pionnier des rédactions en contexte scolaire. Il encourage les élèves à écrire, sur un sujet libre ou sur la base d'un proverbe, afin de stimuler leurs aptitudes créatrices. C'est aussi une manière de faire le pont avec ce qu'ils apprennent à « l'école de la vie » : la rédaction est nourrie de leur propre expérience, sur laquelle ils peuvent revenir et dont ils peuvent absorber les enseignements. Loin d'imposer un *curriculum* spécialisé à la culture scolaire, Tolstoï fait de l'école le lieu où les choses vues, les idées rencontrées ici ou là, sont mises en circulation, dans l'échange avec le maître ou dans les compositions personnelles des élèves. Expliquées et retravaillées en classe, elles deviennent savoirs et compétences.

J'entends déjà certains parents de jeunes âmes en plus ou moins bas âge ricaner : ils sont bien gentils, les enfants qui fréquentent l'école de Tolstoï. Ils vont à l'école sans qu'on les force. Ils préfèrent sauter le dîner plutôt que rater la leçon. On n'a pas besoin de discipline avec eux. Il faut tout de suite leur donner la médaille du mérite ! Bien sûr, les articles du journal *Iasnaïa Poliana* sont des plaidoyers *pro domo*. Il y règne une atmosphère de pastorale. Mais Tolstoï n'ignore pas la question du mal. Sur ce point, il se distingue de son maître Rousseau. Pour lui, l'enfant n'est pas un « bon sauvage » : il n'est pas encore pollué par la société, c'est différent. Il a des intuitions morales, un embryon de vie spirituelle, mais il a bien besoin d'un guide pour les développer.

Tolstoï sait mieux que personne que l'enfant n'est pas un ange, car il s'est récemment remémoré ses jeunes années pour écrire *Enfance* (1852). Or, le texte comprend un épisode qui analyse avec finesse ce que l'on appellerait aujourd'hui du harcèlement scolaire : à son époque, que des enfants riches s'en prennent à un petit invité plus pauvre n'est perçu que comme une bastonnade. Dans sa peinture de la scène, Tolstoï déploie toute la gamme des sentiments ambigus dont est capable ce groupe de garçonnets : les plus petits sont les plus féroces, car ils veulent plaire à leur grand cousin, ce qui neutralise leur sentiment d'empathie ; la pauvre victime pleure des coups reçus, mais aussi de la honte de ne pas pouvoir retenir ses larmes et d'exposer ainsi sa vulnérabilité ; l'aîné se montre cruel, car il pressent que ce rôle de jeune mâle toxique le valorise auprès de la bonne société ; la mère de certains de ces enfants avoue au chapitre suivant qu'elle-même les bat et n'envisage pas d'éducation sans terreur.

Nikolenka, le petit héros du livre, qui contribue à cette raclée, s'en souvient comme d'une tache noire sur ses beaux souvenirs d'enfance. Il pressent qu'il a tort, et il comprend que tous les autres partagent son sentiment ; mais, suggère Tolstoï, la société les encourage à se comporter ainsi – ils ne font que rejouer des dynamiques de classe et de genre, dirait-on aujourd'hui. Le jeune héros d'*Enfance* est donc à la croisée des chemins : animé d'une étincelle de sensibilité éthique, il peut devenir bon, s'il rencontre un bon maître. Mais si l'on ne se préoccupe pas de son développement moral, il peut mal finir. L'école de Tolstoï est précisément pensée comme un lieu où l'on se préoccupe du développement moral des enfants. C'est pourquoi la discipline n'y est pas de mise : elle impose des règles, là où il faut incorporer de bonnes réactions.

Témoin ce raté de la classe tolstoïenne, que l'écrivain consigne dans sa revue pédagogique. Un jour, les enfants chahutent – ce n'est pas grave à l'école de Tolstoï, où un certain degré de désordre est accepté : il n'est que la manifestation la plus espiègle du désir de liberté qui habite les enfants et sous-tend le projet pédagogique tolstoïen, lequel consiste à les aider à réaliser cette liberté. Mais lorsque l'un des élèves va trop loin, le maître de Iasnaïa Poliana décide de le punir, en lui faisant passer le reste de la journée avec une pancarte déshonorante au cou. L'écrivain ne peut que constater l'inefficacité de la punition – les autres enfants commencent à s'acharner sur leur camarade malheureux – et les effets psychologiques désastreux qui en découlent pour la jeune victime. Tolstoï se souvient alors pourquoi il rejette le fonctionnement de l'école ordinaire : s'en remettre à la discipline, c'est acheter la paix au détriment d'une interrogation réelle de l'enfant sur ses actes, c'est légitimer la transformation de la violence naturelle de chaque être en une violence socialisée, c'est perpétuer un cycle qui étouffe ce qu'il y a de bon dans la vie intérieure de l'enfant au lieu de le laisser s'épanouir.

Tolstoï préfère accompagner qu'astreindre. Au sens strict : il raconte dans son journal une nuit où, sous un ciel d'hiver sans lune, il a ramené chez eux un groupe d'enfants restés tard à l'école. Sur le chemin, il les distrait par des récits mettant en scène des brigands caucasiens et de braves Cosaques, comme il a pu en rencontrer lors de ses aventures militaires. Ses talents de conteur font, comme toujours, merveille : le plus jeune des enfants, qui a à peine dix ans, lui attrape la main quand l'histoire devient un peu effrayante. Mais surtout, la promenade est l'occasion pour les enfants de poser leurs questions. Un grand garçon demande pourquoi ils doivent apprendre à chanter. Au lieu de répondre directement (il est de toute façon bien en peine de trouver des arguments pour défendre l'utilité de l'art, dont il commence à fort douter), Tolstoï renchérit : et dessiner, à quoi ça sert ? D'autres questions fusent : « Pourquoi dessine-t-on des gens ? », « À quoi sert le citronnier ? »... la conversation va bon train. Petit à petit, les enfants arrivent à la conclusion que tout n'est pas fait pour être utile – la beauté par exemple. Et l'art, c'est la beauté. Avec son enthousiasme habituel, Tolstoï conclut qu'après cette conversation qu'il a initiée et vaguement orientée, les enfants ont tout dit sur l'utilité, sur la beauté plastique et morale : il n'y a littéralement rien à ajouter.

Cette conversation féconde survient dans un moment de « creux », où le conte est fini, où c'est l'heure de rentrer chez soi, où l'on marche sur une route obscure en attendant de retrouver son lit. Et chez Tolstoï, il faut ce vide pour que l'apprentissage se fasse. Il faut une disponibilité de l'esprit pour qu'une vraie réflexion s'engage. Lui-même ne trouve une forme de repos moral que lorsqu'il se déprend de tout ce qu'il a.

Et nombreux sont ses héros à faire la même expérience : c'est quand on s'écarte des sentiers battus que l'on trouve quelque chose qui en vaille la peine. S'écarter des sentiers battus, le jeune Nikolaï Rostov de *Guerre et Paix* sait le faire : il a beau être l'aîné des garçons de sa famille, il n'est pas à une ânerie près – il a d'ailleurs lui aussi laissé tomber l'université, même si c'était pour s'engager et défendre son pays à Austerlitz. Mais lorsqu'il perd au jeu une somme considérable, qu'il ne peut rembourser, il pense que sa vie est finie. Il rentre chez lui de nuit, à pied, désespéré et songeant au suicide : que de projets s'effondrent avec cette déconvenue qui met son honneur en péril ! Pourtant, aux abords de sa maison, il entend chanter sa sœur Natacha et a l'impression de l'entendre pour la première fois, d'avoir pour la première fois accès à la vraie beauté. Car comment être touché quand on est pris dans le tourbillon qu'est la vie de jeune hussard ? Pour Nikolaï comme pour bon nombre de personnages tolstoïens, de Pierre Bezoukhov prisonnier des Français à Ivan Illitch, le magistrat *successful* qui, dans une longue nouvelle de 1886, découvre avec son cancer qu'il est passé à côté de sa vie, rien d'authentique ne se fait si on ne flirte pas un peu avec le néant.

Aujourd'hui, à une époque où les différentes pédagogies s'affrontent, entre deux directives ministérielles, sur le marché de la réussite scolaire et où la pression pour que les élèves performent dès le plus jeune âge est au plus haut, si Tolstoï faisait la promotion de son école comme il le fait dans les articles de *Iasnaïa Poliana*, il y a fort à parier que peu de parents y inscriraient leurs enfants. Pas de programme, pas de méthode, pas de savoirs spécialisés : l'école de Tolstoï semble une école en négatif, un lieu de profond laxisme. Mais si elle se met ainsi en retrait, c'est pour ne pas entraver le développement de l'enfant. Elle ouvre aux élèves un espace pour leur permettre de s'approprier réellement des savoirs et des comportements. Elle se débarrasse des éléments superflus sur lesquels s'appuie la pédagogie traditionnelle faute de savoir s'aventurer sur ce continent noir, cette *terra incognita* qu'est selon Tolstoï la psychologie de l'enfant. Ainsi, l'école de Tolstoï accompagne, en essayant d'agir le moins possible. Cela tombe bien, car le maître n'a jamais su dire au juste ce qui devait être enseigné.

Comment se fâcher avec tout le monde

La Russie de 1860 aurait pu être une fête. Une nouvelle génération de jeunes gens avides de changement entre en scène : ils vont populariser le néologisme récent d'« intelligentsia ». Ce ne sont plus comme précédemment les aristocrates qui dominent la sphère publique et artistique, mais ces hommes issus de classes sociales très variées, parfois modestes, réunis par leurs dons intellectuels (et par le fait que, contrairement à Tolstoï, ils ont en général poursuivi leurs études à l'université). Ils se caractérisent par leur amour du débat critique, leur engagement dans la vie collective. Ils veulent qu'une Russie nouvelle émerge avec eux. Et sans doute n'y a-t-il pas de meilleur moment : le tsar Alexandre II, au pouvoir depuis 1855, adopte une approche plus libérale que son prédécesseur, un conservateur forcené. Il prend la décision politique la plus importante du siècle, réclamée depuis des décennies par les franges progressistes de l'opinion russe : en 1861, il abolit le servage. Après plus de deux siècles de servitude généralisée, où ils appartenaient à leur maître comme un bien meuble et devaient souvent subir ses mauvais traitements, les paysans sont libres. C'est un véritable coup de tonnerre.

Alexandre II ne s'arrête pas là. Si la censure persiste, il devient plus facile de se lancer dans la presse : c'est le *boom* de ce que l'on appelle les « gros journaux », dont le format hors norme permet de faire paraître en feuilleton la totalité des grands romans russes de l'époque, aux côtés d'articles portant sur la science ou la politique et de traductions. L'homme en vue s'appelle Mikhaïl Katkov : il reprend en 1856 la revue vieillissante *Le Messager russe* et en fait l'organe littéraire majeur de son temps. Tout le roman russe de l'époque paraît chez lui. Tolstoï fera partie de son écurie, d'abord ravi de passer chez un éditeur qui paie bien (Dostoïevski qui connaît le prix de l'argent s'étrangle en apprenant qu'une page d'*Anna Karénine* rapporte 5 000 roubles à son auteur, deux fois plus que pour son *Idiot*), puis furieux quand celui-ci refuse de publier l'épilogue d'*Anna Karénine*, jugé trop peu patriotique en pleine guerre russo-turque (on y voit Vronski s'engager par dépit d'avoir perdu sa maîtresse).

C'est qu'on croit dur comme fer à l'époque que la littérature a son rôle à jouer en cette époque charnière. Si plus de gens lisent, si plus de journaux paraissent, si l'on publie côte à côte des textes littéraires et des commentaires politiques, il y a là un terrain formidable pour promouvoir les réformes, pour en demander d'autres. Plus que jamais dans cette deuxième moitié du XIXe siècle, la littérature doit donc se préoccuper de questions sociales : Dostoïevski avait un temps été le héraut d'une école dite « naturelle », qui réclamait que l'on examine sous toutes les coutures les maux de la Russie et en particulier de cette civilisation urbaine en constitution, qui fait s'agglutiner des vagues de malheureux dans des logements insalubres. On s'est mis à parler de prostitution, d'alcoolisme, de crimes, dans une perspective souvent larmoyante, parfois misérabiliste. On souligne qu'à la campagne, ce n'est guère mieux : le servage perdure dans les faits, les paysans n'ayant pas les moyens d'acheter la terre qu'ils travaillent. La culture rurale traditionnelle et largement obscurantiste continue de régner dans les villages et apporte son lot de violences et d'injustices. L'Église, la police sont partout. Le pays doit changer.

La littérature, qui bénéficie d'une aura considérable, est chargée d'inciter à cette transformation, de tester des modèles sociaux alternatifs. Mais si vous retrouvez dans la description ci-dessus les romans de Dostoïevski, peut-être les pièces d'Alexandre Ostrovski ou les nouvelles de Nikolaï Leskov, sachez que l'écrivain le plus célèbre de la décennie 1860 s'appelle Nikolaï Tchernychevski. À quoi doit-il sa réputation ? Sans doute au fait que, de tous les écrivains de son temps, c'est celui qui croit le plus aux pouvoirs de la littérature. Son roman *Que faire ?* (1863) est considéré comme l'un des plus mal écrits de l'histoire littéraire russe, et l'intrigue réussit l'exploit d'être à la fois rocambolesque et didactique. Entre un mariage blanc qui devient un ménage à trois, un atelier de couture qui se transforme en phalanstère et un suicide qui se révèle une mystification, l'auteur développe maladroitement l'histoire de Véra Pavlovna, laquelle acquiert immédiatement le statut d'icône. Cette femme libérée refuse, au nom de l'égalité entre les sexes, le baisemain ? Les jeunes filles progressistes lui emboîtent le pas dans la vie réelle. Le roman fait le portrait d'un mystérieux activiste, qui, afin de devenir un serviteur du peuple costaud et endurci, prêt à affronter tous les défis, mange du bifteck et s'entraîne à dormir sur un lit de clous ? Le dénommé Rakhmetov intègre le catéchisme du bon révolutionnaire, avant de devenir le héros favori de Lénine, qui reprendra le titre *Que faire ?* pour son premier texte important. C'est que le roman de Tchernychevski n'est pas lu pour ses qualités littéraires, mais parce que les lecteurs ont pour la première fois l'impression qu'une fiction leur offre un répertoire de solutions pratiques pour s'orienter dans l'existence, une gamme de comportements à adopter dans cette Russie dont la société est chamboulée. Chez les *angry young men* des années 1860, tout le monde veut ressembler au personnage de Tchernychevski.

En juillet 1862, Saint-Pétersbourg brûle. On dit que les incendiaires sont des étudiants qui fomentent une révolution. Dostoïevski ne fait ni une, ni deux : il se précipite chez Tchernychevski et, au plus grand étonnement du principal intéressé, se jette à ses pieds en le suppliant de mettre un terme à cette folie. Pourtant, Dostoïevski déteste ce puissant rival, il hait tout ce qu'il représente, ses idées, son style – mais il reconnaît le pouvoir de ses textes. Lui-même est fraîchement revenu du bagne et de la relégation, où il a été envoyé pour avoir lu dans un cercle de doux rêveurs fouriéristes la lettre d'un critique célèbre qui rappelait à Nikolaï Gogol le sacerdoce moral et social de l'écrivain russe. Après ces années d'épreuves, Dostoïevski a beaucoup de mal à retrouver le statut littéraire qui était le sien auparavant, mais la lecture de *Que faire ?* lui démontre l'urgence de revenir à l'écriture : en proposant à la Russie de suivre la voie occidentale du progrès, de la raison et, pense Dostoïevski, de la violence, Tchernychevski fait courir au pays un immense danger. Électrisé par son inimitié, il donnera en 1864 *Les Carnets du sous-sol*, où l'on décèle une mordante satire dirigée contre *Que faire ?* et son utopique « palais de cristal » où tout le monde vivrait heureux. Cela, plus son mariage, remet l'ex-bagnard en selle et il devient l'écrivain que nous connaissons. Tout le reste de son œuvre sera, à certains égards, une réponse à *Que faire ?* et surtout une tentative de créer des fictions qui auraient autant d'influence sur les lecteurs, mais en leur indiquant la bonne voie.

Quel est le plus grand livre russe ? *Que faire ?*, hélas, pourrait-on dire en parodiant le célèbre mot de Gide sur Victor Hugo. On dit même qu'il a davantage marqué l'histoire russe que *Le Capital* de Marx. Pourquoi ? Car ce fameux révolutionnaire du roman va faire basculer le destin bien réel de la Russie. Dans le roman, à part son programme d'entraînement intensif pour gagner de la masse musculaire et de la crédibilité politique, Rakhmetov ne fait littéralement rien : le roman se concentre sur sa formation en tant que révolutionnaire, mais on ne le voit pas passer à l'action. Vers la fin du texte, il disparaît en promettant de revenir trois ans plus tard accomplir un acte majeur. Certains lecteurs pensent décrypter ses intentions : il va chercher à assassiner le tsar. Alexandre II devient en effet de moins en moins populaire et pâtit notamment de l'échec pratique qui entache l'abolition du servage : les paysans restent dominés économiquement par les maîtres, mais ceux-ci se sont appauvris malgré tout puisqu'ils doivent désormais payer pour un travail qui était auparavant gratuit. Personne n'est satisfait et le populisme russe naissant réclame un « partage noir », une répartition égalitaire des terres à confisquer aux nobles.

Reste que tuer le tsar, le « petit père » comme l'appellent les Russes, est un sacrilège majeur. C'est pourtant ce qu'essaiera de faire un certain Dmitri Karakozov en 1866... c'est-à-dire trois ans après la parution de *Que faire ?*, exactement à la date du retour présumé de son héros. Pour beaucoup, c'est un hommage. Pour l'histoire de la Russie, c'est en tout cas un tournant : Alexandre II réchappe de l'attentat, mais plusieurs sociétés secrètes se lancent dans une véritable chasse à l'homme pour l'abattre. En 1881, il meurt finalement sous les bombes de « La Volonté du peuple », un groupe terroriste mené par une femme, une aristocrate, la fille du gouverneur militaire de Saint-Pétersbourg. Voyant les efforts libéraux d'Alexandre II si mal payés, aucun de ses successeurs n'osera quitter la voie stricte du conservatisme, ce qui conduit le pays, sous Nicolas II, à une sclérose totale et au résultat que l'on connaît. Oui, décidément, si le livre de Tchernychevski est à l'origine de la première tentative d'assassinat d'Alexandre II, le tsar libérateur, il est alors l'un des premiers jalons qui mènent tragiquement aux révolutions de 1905 et 1917.

Là encore, Dostoïevski est épouvanté par cette influence néfaste. Dans *Les Frères Karamazov* (1880), dont le titre est un écho évident au patronyme de l'étudiant régicide de 1866, Karakozov, l'écrivain veut suivre le destin tourmenté de son héros Aliocha et donner à voir comment celui-ci passe du statut de benjamin paisible et aimant d'une famille dysfonctionnelle à celui de terroriste prêt à faire un malheur (l'intrigue n'ira toutefois jamais jusque-là, et s'arrête peu après qu'Aliocha a renoncé à être moine). Dans *Les Démons* (1872), il plonge dans le dense réseau des groupes populistes pour démystifier leurs prétentions à vouloir le bien du peuple : il les dépeint comme un ensemble monstrueux composé d'aristocrates fin de race, de nihilistes suicidaires, d'enfants gâtés sadiques. Dostoïevski meurt la même année que le tsar, en 1881, persuadé que la Russie est au bord du chaos et que la fête qui faisait de la littérature le bras armé du changement a définitivement dégénéré.

S'il est ici beaucoup question de Dostoïevski et peu de Tolstoï, c'est que ce dernier a bien l'air de se ficher de tout ceci comme d'une guigne. Celui qui à la fin de sa vie a la réputation d'être le *leader* spirituel et politique des oppositions russes fait longtemps profil bas dans les débats artistiques du temps. Bien sûr, il participe au mouvement d'extrême valorisation de la littérature, mais il y incarne un volet plus apaisé, il semble prendre plus de hauteur : *Guerre et Paix* abrite, on l'a dit, une longue réflexion philosophique sur le rapport à l'histoire, et se termine justement par un traité sur la question, pour ceux des lecteurs qui auraient besoin d'une synthèse théorique. Il établit le roman comme laboratoire d'idées de manière très puissante – mais c'est une fiction historique qui se détourne de l'actualité contemporaine.

Anna Karénine entreprend de dénoncer l'état de la société russe, mais se dirige essentiellement vers la condamnation de l'hypocrisie qui règne dans les cercles mondains. Le roman s'ouvre par une épigraphe terrible, que l'on traduit souvent par « À moi la vengeance et la rétribution ». La traduction française ne peut rendre justice au fait qu'il s'agit d'une citation tirée de l'Ancien Testament et donc écrite en slavon d'église, la langue religieuse qui sonne tout de suite plus apocalyptique que le russe moderne. Cette langue signale que ce n'est pas Tolstoï qui parle, mais Dieu lui-même. Et le Dieu que fait parler Tolstoï ne propose pas d'accabler Anna Karénine, ni de la défendre : il veut simplement rappeler au seuil du roman que le jugement n'est pas de ce monde. La bonne société qui est directement responsable de la mort de l'héroïne et n'a cessé de la poursuivre de sa vindicte ferait donc bien de se méfier : ce n'est pas ici-bas que les comptes seront faits, ce ne sont pas les lois terrestres qui prévaudront. Une traduction plus exacte devrait rendre compte de cette menace sous-jacente : « C'est à moi qu'appartient la vengeance : je suis celui qui vous fera payer. » Il y a bien un avertissement lancé ici, mais à destination d'un cercle aristocratique restreint. *Anna Karénine* rappelle davantage ici le pessimisme propre au genre de la « nouvelle mondaine » en vogue dans les années 1830 et 1840, de même que *Guerre et Paix* prolonge la lignée romantique du roman historique : on est assez loin des brûlants débats contemporains qui empêchent tant Dostoïevski de dormir et finissent par le convaincre de dédier sa vie et son œuvre à la lutte contre le progressisme occidentalisé.

Plus grave encore, alors que la fête est en train de tourner définitivement à l'aigre, Tolstoï va planter le dernier clou dans le cercueil. À l'approche de 1880, le cercle terroriste se resserre autour du tsar, Dostoïevski est malade et va de toute évidence bientôt mourir, le pouvoir de la littérature semble finalement moins efficace que l'action directe : l'ambiance est plutôt sombre. C'est le moment que choisit Tolstoï, qui compose avec son anxieux rival l'aigle à deux têtes des lettres russes, pour déclarer que la littérature n'a pas la capacité d'action qu'on lui prête depuis vingt ans – pire, qu'elle met presque toujours sur la fausse route et devient le creuset de la dépravation morale et spirituelle du pays.

Il bat sa coulpe devant son ami le poète Afanassi Fet : « J'ai cessé d'écrire et je n'écrirai jamais plus d'inepties filandreuses comme *Guerre et Paix*. Je suis coupable, mais je jure qu'on ne m'y reprendra plus. » Il écrit à Vladimir Stassov, le plus grand critique d'art de son temps, celui qui a donné ses lettres de noblesse à la musique et à la peinture nationales : « j'*étais* un écrivain, et tous les écrivains sont vains et envieux. » Il renie son œuvre passée, accuse *Anna Karénine* d'être un texte immoral, la fiction en général d'avoir une influence incontrôlable sur les lecteurs – nous y reviendrons. Il veut passer à autre chose, écrire uniquement sur la politique, sur la religion. Il va rapidement devenir le gourou et le maître de vie que l'on connaît, mais surtout l'opposant numéro un du pouvoir par ses positions anticonformistes. Pourquoi pas, mais que diable a-t-il besoin de décréter que la littérature ne peut rien, ne sert à rien ? Que diable va-t-il faire son *coming out* activiste à l'époque où la croyance en la fiction comme médium idéal pour accompagner et provoquer les changements sociaux ne tient plus qu'à un fil ?

En réalité, Tolstoï a bien, dès les années 1860, contribué aux débats de son temps. Il a, comme Dostoïevski, nourri un débat houleux et passionné avec l'*intelligentsia* progressiste, de laquelle, comme Dostoïevski, il se croit d'abord proche avant de se convaincre qu'il n'y a rien d'intéressant à y glaner, que ses représentants sont emprisonnés dans un carcan idéologique qui les empêche de voir la réalité russe. Mais ce ne sont pas ses fictions qu'il a apportées dans l'arène : ce sont ses travaux pédagogiques.

Car la pédagogie est aussi une sphère en révolution dans ces années-là. Durant des siècles, le pouvoir n'a pas souhaité encourager l'école pour tous : Catherine II, la grande despote éclairée du XVIIIe siècle, a été l'une des premières à déclarer explicitement qu'éduquer la plèbe ne pouvait que constituer une menace pour l'ordre social. Pourtant, dans la seconde moitié du XIXe siècle, tout le monde se met à parler d'éducation. Tout le monde constate que le monde change, qu'il est désormais urgent de préparer à ces évolutions les jeunes générations, lesquelles n'auront plus du tout la même vie que leurs pères et mères. Pour les plus riches, l'école à la maison ne suffit plus ; pour les plus pauvres, le manque d'une véritable éducation populaire se fait cruellement sentir. L'abolition du servage en 1861 rend la question encore plus cruciale, et la première réforme pédagogique d'ampleur date de la décennie 1860 – on a vu au chapitre précédent ce que Tolstoï pensait des efforts du gouvernement en la matière.

Les progressistes ont été les premiers à réclamer ces réformes. Tolstoï pense donc que ses propres tentatives pédagogiques seront favorablement reçues dans leurs cercles – de même qu'il avait naïvement pensé que le ministère de l'Éducation le remercierait de ses précieuses critiques. Au contraire, c'est une fracture très nette qui se manifeste à cette occasion et fait d'autant mieux ressortir l'originalité radicale de l'école de Tolstoï.

L'année 1862 marque la parution des différents numéros de la revue *Iasnaïa Poliana*, qui s'interrompra en décembre après le raid de la police. Tolstoï publie cette revue pour populariser ses vues sur l'éducation et faire part à tous de ses expérimentations en la matière. Il s'attend à ce qu'elles fassent consensus. Ce n'est pas le cas. Tchernychevski, l'auteur de *Que faire ?*, sera le premier à dégainer. C'est en effet vers lui que Tolstoï se tourne naturellement pour solliciter une recension du premier numéro de *Iasnaïa Poliana* dans les pages du *Contemporain*, journal très influent et connu pour débattre des idées nouvelles. Il s'attend à un texte élogieux : Tchernychevski livre au contraire un compte rendu très critique, où se manifestent le mépris et la méfiance de l'intellectuel *self made man* face à une initiative qu'il interprète comme du paternalisme de propriétaire terrien. Au contraire, d'après lui, la Russie a besoin d'une réforme générale, qui mettra fin à cet archipel hétéroclite d'écoles fondées et administrées au bon vouloir des hobereaux.

Tolstoï n'a pas vu venir le coup, mais en réalité les thèses qu'il défend prennent complètement à rebrousse-poil le *vade-mecum* de l'*intelligentsia* : il déclare que les gens éduqués ne comprennent pas les véritables besoins des paysans, là où les hommes de 1860, qui viennent souvent du peuple, considèrent que leur devoir moral est de guider leurs semblables vers les lumières de la raison. Tolstoï pense que personne n'a le droit de décider pour les classes populaires ce qui leur convient et qu'ils devraient être les premiers prescripteurs quant à la manière d'éduquer leurs enfants ; les progressistes croient fermement à la nécessité d'une intention organisatrice verticale. La discussion n'en viendra cependant jamais à ce niveau d'abstraction : Tchernychevski remarque perfidement que Tolstoï ferait bien d'aller à l'université pour apprendre avant d'enseigner ; piqué au vif, celui-ci répond en comparant l'éducation à du pain : certains, comme lui-même, veulent le distribuer pour mettre fin à la famine, d'autres ont d'abord besoin d'expliquer qu'il est fait de farine avant de le proposer à manger. Foin de réflexion, dit Tolstoï, place à l'action ; sus aux lubies des aristocrates, place aux réformes systématiques et bien préparées, dit Tchernychevski. Ces deux-là ne peuvent s'entendre. Pendant ce temps, la censure... censure les articles de *Iasnaïa Poliana*.

C'est toute l'interprétation de la passion pédagogique de Tolstoï qui est ici en jeu. On le voit, les progressistes ne le trouvent pas si progressiste que cela : ils estiment que Tolstoï rate ce grand moment historique où l'on va pouvoir standardiser l'école russe et donner ainsi à tout le monde sa chance. À l'horizon des réformes espérées, ils voient la possibilité pour tous de connaître une vraie élévation sociale – alors que l'école de Tolstoï prépare les petits paysans à une vie de paysan, et paraît donc les enfermer dans leur condition de départ. Tolstoï ne renonce-t-il à émanciper ?

Pour Tolstoï au contraire, le seul garant d'une émancipation réelle réside dans la liberté éducative qu'il revendique : celle-ci permet une école qui répond pragmatiquement aux besoins de chacun. Pour lui, les progressistes rêvent à une école idéale, qui ne se réalisera jamais concrètement et est donc vouée à l'échec : aux paysans, il faut une école de paysans, qui prenne en compte la réalité de leur existence, non pour revoir les exigences à la baisse, mais pour s'assurer de réussir à les toucher et à les former. En un mot, Tolstoï revendique un pragmatisme total : dès 1860, il écrit à un ami, qui se trouve être le frère du ministre de l'Éducation, qu'une marche efficace des affaires ne consiste pas à savoir ce qu'il faut faire, mais à savoir ce qu'il faut faire *en premier*, puis *en deuxième*, etc.

Plus fondamentalement, c'est aussi l'héritage ambivalent des pensées de l'éducation qui se reflète ici. D'un côté, on retrouve la lignée qui, de Platon à Rousseau, pense l'éducation comme le lieu d'où l'on peut perfectionner la société, la rendre plus sereine et plus juste. La pédagogie se trouve ici au service d'un but transcendant : c'est pourquoi l'éducation doit être guidée, notamment par le maître qui veillera à ce que l'élève se développe dans un cadre conforme à l'organisation générale de cette société. Tolstoï est lui aussi un héritier de Rousseau, mais c'est un héritier *destroy* : il pense que, certes, l'éducation peut éventuellement avoir un impact positif sur le vivre ensemble, mais que de tels bénéfices sont purement accidentels. La cible de l'éducation n'est pas la société, c'est l'individu ; son étalon, c'est la liberté humaine et non l'organisation de la vie collective ; son objectif n'est pas que l'élève se conforme au modèle de société dont il est issu, mais qu'il développe une personnalité créative et autonome – qui lui permettra peut-être de changer le monde dans lequel il est né plutôt que de s'y couler tranquillement.

Le malentendu est insoluble. Dans un face-à-face célèbre avec ses ennemis dans un salon, Tolstoï les accuse de ne pas avoir de « convictions » – c'est-à-dire de ne pas mettre leurs beaux principes à l'épreuve dirimante des faits : qu'ils fondent donc, comme lui, une école ! – alors qu'eux se vivent comme les hommes les plus engagés de l'époque : l'écrivain finit par crier qu'il est prêt à se battre en duel, et cette réaction épidermique d'aristocrate n'arrange guère ses affaires. De même, lorsque Tolstoï écrit que les écoles voulues par l'État sont aussi utiles qu'un dîner au Club Anglais (institution gastronomique de Moscou où dans *Guerre et Paix* l'écrivain place le dîner d'honneur pour le général Bagration) si c'est le serveur et le cuistot qui le mangent, les progressistes entendent qu'il veut une école de deuxième catégorie pour les classes populaires : pas question d'investir dans des raffinements quand on fait l'école aux petits paysans. Tolstoï voulait au contraire dire que l'éducation populaire étant un besoin absolument vital, il est impératif de développer un système sur mesure pour la rendre possible, plutôt qu'espérer faire ruisseler vers le bas des idéaux irréalistes. Sans compter qu'à paternalisme, paternalisme et demi : qui sont les membres de l'*intelligentsia* pour décréter que la vie des paysans est insuffisante et pour s'y immiscer et la changer ? Et quelles œillères portent-ils pour déconsidérer ainsi les formes de vie paysannes, plus riches qu'on ne le croit si l'on sait bien regarder, et proposer de les corriger par l'injection d'une philosophie importée d'Occident ?

On voit que la critique des cercles progressistes par Tolstoï recoupe beaucoup des arguments de Dostoïevski. On voit aussi que ce que l'on présente comme la rupture des années 1880, qui marque chez l'écrivain le rejet de la fiction traditionnelle, est annoncé bien en amont par son éloignement progressif de tous les milieux avec lesquels il pourrait se trouver en interaction. *De facto*, il se fâche avec tout le monde : aux conservateurs au pouvoir, il inspire la plus grande méfiance ; aux libéraux qu'il espère rallier à sa cause, une condescendance à l'agressivité à peine voilée – la volatilité de ses propres réactions ne fait à chaque fois qu'empirer les choses. Il serait donc faux de penser que, après avoir été un écrivain très paisible et instantanément reconnu durant les années 1860 et 1870, Tolstoï vire sa cuti et rejette le monde intellectuel et littéraire à partir de 1880. Il a été effectivement un écrivain très paisible et instantanément reconnu durant les années 1860 et 1870 – et dans le même temps un pédagogue largement rejeté, en butte aux critiques et aux vexations, que sa radicale originalité pousse à camper de manière parfois hystérique sur ses positions alternatives. Tolstoï ne vit donc pas une crise à partir de 1880 : sa vie apparaît comme une crise permanente, pour qui considère son œuvre comme un tout incluant le versant pédagogique de son travail.

Comment avoir toujours tort

« La bronchite est un métal ! », tempête Tolstoï devant un auditoire médusé. Ivan Tourguéniev, l'écrivain le plus célèbre de l'époque, qui a pris Tolstoï sous son aile après son départ de l'armée, tente d'argumenter, mais en vain : quand ce garçon a une idée en tête, il n'en démord vraiment pas. Tourguéniev va d'ailleurs faire jusqu'à l'extrême l'épreuve du mauvais caractère de Tolstoï. Ils sont devenus proches, car le romancier plus âgé de dix ans aimerait bien jouer pour le jeune espoir des lettres russes le rôle de mentor. Or, le jeune espoir a un comportement à désespérer : lorsque Tourguéniev l'invite sur son domaine, il est épouvanté de voir son hôte se lever à pas d'heure après des nuits de java, fricoter avec tout ce que le comté compte de filles de mauvaise vie, boire comme un trou, chasser comme un homme des bois (Tolstoï est un chasseur invétéré, il frôlera plus tard la mort, quand il sera violemment attaqué par une ourse). Quand Tourguéniev l'emmène à Saint-Pétersbourg rencontrer ses camarades littérateurs, Tolstoï ne se conduit guère mieux : il s'endort sur le divan lorsque son hôte donne lecture de son grand roman à paraître, *Père et Enfants* (1862), et lui qui est l'auteur le moins aguerri de ces cercles typiques de l'*intelligentsia* des années 1860, il n'hésite pas à faire la leçon à ses aînés – souvent, on le voit, à tort.

Tourguéniev n'en peut plus : leurs relations se tendent, avant de friser le pire lorsque Tolstoï pense que son modèle littéraire a des vues sur sa petite sœur. Il est question de duel. Tolstoï, qui s'estime offensé, a le choix des armes : il propose le fusil. Le fusil ? Cela signifie la mort à coup sûr si l'adversaire est blessé. C'est dire à quel point Tolstoï est ingrat et peut se comporter en vraie tête de cochon ; c'est dire aussi à quelle catastrophe la littérature russe a échappé à cette époque, quand deux des plus grands romanciers du siècle parlaient de s'entretuer. Bien plus tard, se sachant condamné par la maladie, Tourguéniev tentera de renouer : il adresse à Tolstoï en 1883 une lettre déchirante où il le supplie de revenir à la littérature, de ne pas renier son œuvre, de ne pas insulter son talent. Il le nomme « le grand auteur de la terre russe ». Quoique touché, Tolstoï fait encore sa tête de cochon : « et pourquoi pas aussi de l'eau ? » Tourguéniev meurt deux mois plus tard.

Le pauvre auteur n'aura pas eu plus de chance avec Dostoïevski, à qui il a le malheur de rendre service en lui prêtant de l'argent, alors que Fiodor vit reclus dans sa chambre d'hôtel à Wiesbaden, car il a tout perdu à la roulette et ne peut régler la note : par un mouvement de psychologie très dostoïevskien, l'auteur de *Crime et Châtiment* se met à vomir son bienfaiteur et le poursuivra d'une haine tenace dans presque tous ses écrits. La palme revient au personnage de Karmazinov dans *Les Démons*, pathétique petit écrivaillon qui boit du champagne en dissertant sur le destin de sa patrie, satire méchante de celui qui a posé les bases du grand roman russe – mais qui avait pour Dostoïevski le défaut absolu de pouvoir s'offrir tous les plaisirs de la vie parisienne.

En tout cas, voilà ce que le biographe américain A. N. Wilson appelle le côté « la bronchite est un métal » de la personnalité de Tolstoï : il n'est jamais à court d'idées farfelues, mais n'avouera jamais qu'il se trompe. Certes, en russe comme en français « bronchite » rime avec « graphite » ou « malachite », mais ce ne sera pas la dernière fois que Tolstoï défend l'indéfendable : le sage de Iasnaïa Poliana n'hésitera pas à écrire que Shakespeare est nul et que la moindre chanson populaire vaut mieux que tout Beethoven. Sans compter tout ce qu'il peut déblatérer sur ses propres livres après sa crise de la décennie 1880. *Anna Karénine* ? « Une abomination qui n'existe plus pour moi » : « je me suis aperçu que dans ce que j'avais fait, il n'y avait rien de noble ni aucune différence avec les filles aux jambes nues qui dansent enlacées dans un ballet. » Le reste de son œuvre fait aussi les frais de ce revirement : la seule fiction qu'il sauve est le modeste *Prisonnier du Caucase* (1870) – comme par hasard, un texte destiné à la jeunesse.

Bref, Tolstoï était en compétition avec Dostoïevski en termes de valeur littéraire, mais aussi pour le titre du génie le plus difficile à vivre de son époque. Cela mine notoirement ses relations avec sa femme, aux premières loges de sa mauvaise foi. Un exemple parmi les myriades que recèle leur triste histoire conjugale : à l'hiver 1885, Sofia travaille à l'édition des œuvres complètes de son époux. Elle lui servait ordinairement de secrétaire – derrière la plupart des grands auteurs russes, de Dostoïevski à Nabokov, il y a presque toujours une grande femme de romancier – et elle a déjà recopié sept fois *Guerre et Paix* pour aboutir à une version qui satisfasse son mari. Mais cette fois, c'est d'autre chose qu'il s'agit : Tolstoï est en pleine crise existentielle, et veut renoncer à son titre de comte, à ses richesses, à ses droits sur son œuvre. Il décide de ne plus toucher de *royalties*. Sofia s'inquiète : les enfants vont entrer à l'université, ils ont aussi une fille artiste qu'il faut soutenir. Elle négocie avec Tolstoï qu'elle s'occupera d'une grande édition complète dont elle utilisera les bénéfices pour faire vivre la famille sur ce domaine largement déliquescent. Tolstoï accepte le marché, mais poursuit son épouse de ses quolibets : comme elle est âpre au gain ! Il s'estime bien mal tombé avec cette matrone qui ne pense qu'à équilibrer le budget du ménage. Toujours est-il que Noël approche. Tolstoï décide d'aller passer les fêtes auprès de ses amis, les Olsoufiev, qui ont une propriété beaucoup plus cossue que la sienne. Sofia lui objecte qu'il a la critique facile, mais qu'il est le premier à rechercher le luxe et le confort. Il lui répond candidement qu'il n'y a pas là de contradiction, puisque ce beau domaine n'est pas à lui. Il part donc le cœur léger, laissant sa femme à Iasnaïa Poliana où elle passe Noël à trimer pour maintenir la maisonnée à flot.

À l'école de Tolstoï, les contradictions du grand homme ne restent pas à la porte. Tolstoï a beau récuser le droit à l'éducation, il régente son école en seigneur et maître. Il détermine entièrement ce qui est enseigné. Il a recruté des enseignants qu'il méprise profondément : « Les maîtres sont mauvais. Alexandre Ivanovitch est stupide. Alexandre Pavlovitch est moralement douteux. Ivan Illitch est le plus fiable d'entre eux. Chacun a son petit secret dégoûtant. Dans le meilleur cas, des bonnes femmes. » Dans un préjugé de classe évident, son fils Ilia est invité à faire la classe aux petits paysans... il n'a que six ans. Le garçon ne démérite d'ailleurs pas et il invente une bonne petite histoire que son père mettra dans l'un de ses ouvrages pour enfants : savez-vous pourquoi on doit aller aux toilettes ? Parce qu'un jour, un homme a demandé à Dieu s'il avait besoin d'aller aux toilettes. Alors Dieu, furieux, l'a puni en condamnant les hommes à devoir régulièrement faire leurs besoins.

Mais c'est sans doute au moment du grand voyage pédagogique qu'il entreprend juste après avoir fondé sa première école que Tolstoï manifeste le plus ce caractère sauvage et rugueux qui le caractérise. Il part à la découverte des expérimentations les plus novatrices, des penseurs de l'éducation les plus anticonformistes. Et il a de quoi faire : l'époque constitue le *boom* de ce que l'on appelle aujourd'hui les pédagogies alternatives. Partout en Europe, des réformateurs de l'école essaient alors, à la suite de l'*Émile* de Rousseau, de mettre au point une approche qui soit véritablement adaptée aux enfants, et à tous les enfants. Avant Célestin Freinet, Maria Montessori ou Janusz Korczak, ils s'appellent Johann Heinrich Pestalozzi (1746-1827) ou Friedrich Wilhelm August Fröbel (1782-1852).

Ces deux pédagogues majeurs transforment l'apprentissage en classe en développant une éducation davantage portée sur l'acquisition pratique des savoirs : il s'agit, comme le dit Pestalozzi, d'apprendre « avec la tête, avec le cœur et avec les mains ». La « leçon de choses », où l'on part de l'observation concrète d'un phénomène pour en comprendre les fondements abstraits, et le modèle du « jardin d'enfants », où la classe et la cour se confondent, constituent la base de ce changement de perspective. Sur le fond, Tolstoï est un héritier de ces révolutions pédagogiques. Mais lors de son voyage, il n'aura de cesse d'en éreinter toutes les réalisations.

Direction le Royaume-Uni, la France et les provinces allemandes : Tolstoï fait son grand tour éducatif durant plusieurs mois entre 1860 et 1861. C'est long, pour un homme qui a très peu quitté la Russie durant sa vie. Tolstoï est loin d'être un errant comme Dostoïevski, ou un Parisien d'adoption comme Tourguéniev : Iasnaïa Poliana sera toujours son refuge et son antre. Il n'y a guère qu'une autre exception à cette sédentarité : il avait déjà voyagé en 1857, de retour de l'armée, afin de trouver une échappatoire à un désir d'écrire qu'il souhaitait contrecarrer. Or, c'est justement durant ce premier voyage européen qu'il conçoit l'idée de fonder de manière durable une école sur son domaine et de s'en occuper personnellement. Vous croyez que c'est en voyageant qu'on apprend ; pour Tolstoï, c'est en voyageant qu'on se pique d'enseigner – et surtout d'en remontrer à tous ceux qu'on croise.

Lors de son grand voyage, l'auteur est accueilli à bras ouverts dans les institutions qu'il souhaite visiter ; il participe à la vie de la classe et en dehors de la classe ; il débat avec les meilleurs théoriciens de l'époque et s'entretient avec les maîtres. Lors de ses visites des écoles anglaises, il rencontre Matthew Arnold (1822-1888), poète et critique littéraire majeur de son époque, qui est aussi inspecteur des écoles de Sa Majesté et connaît sur le bout des doigts tout ce que le royaume compte d'expériences iconoclastes en matière d'éducation. Le 14 mars 1861, Tolstoï a la chance d'entendre son idole Charles Dickens à Londres : il s'émerveille de la qualité de la conférence sur l'éducation délivrée par un romancier dont, à son retour, il suspendra un portrait dans son bureau. Renseignements pris, ce à quoi Tolstoï a assisté est une simple lecture d'*Un conte de Noël*. Son anglais est-il si mauvais qu'il n'a rien compris ? Ou bien est-il vraiment tellement obsédé par les questions pédagogiques qu'il en voit partout ? Son erreur n'a-t-elle pas la vertu de nous rappeler qu'*Un conte de Noël*, qui montre la conversion de l'affreux Ebenezer Scrooge, est aussi un modèle de récit d'apprentissage, bien utile pour développer le sens des vraies valeurs chez les enfants ?

En Allemagne, c'est Julius Fröbel, neveu du fondateur des jardins d'enfants, qui le guide… avant de laisser un compte rendu au vitriol du passage de ce Russe complètement *borderline*. Tolstoï observe tout d'un air revêche. Il a demandé à voir les cahiers des élèves, les a emportés avec lui pour les étudier, et est parti sans les rendre. Pire encore, en discutant avec Fröbel junior, il développe un syllogisme aux relents nationalistes : la situation russe est bien meilleure que celle de l'Europe sur le plan de l'éducation, car comme il n'y existe encore aucun système scolaire unifié, les enfants n'ont pas pu être dénaturés par la mauvaise éducation qu'ils reçoivent, comme c'est le cas des petits Teutons – y compris au jardin d'enfants. Il poursuit en alignant des propos qui paraissent bien péremptoires pour un homme qui n'a que quelques mois d'expériences dans l'enseignement : l'école ne doit pas être obligatoire, car l'assiduité doit venir d'un besoin inné d'éducation qui se manifestera nécessairement comme la faim (et qu'un certain nombre d'élèves, hier comme aujourd'hui, n'ont apparemment jamais développé). Et puis, en bon Russe, Tolstoï finit par une envolée lyrique parfaitement fumeuse sur le destin messianique de la Russie (car il est bien connu que le Russe voyage en Europe pour montrer à cette dernière à quel point elle a besoin de suivre les leçons de son pays pour éviter le chaos civilisationnel) : il explique à son interlocuteur mi-ébahi, mi-agacé, que les masses russes, cette force obscure et puissante, seront à l'origine d'une réorganisation complète du monde sur le modèle de la commune paysanne.

Julius Fröbel repère dans cette conversation le sévère manque de tact de Tolstoï, mais il ne se rend pas compte que ce dernier édulcore beaucoup son propos par rapport à ses journaux et à ses lettres. Après avoir visité des écoles à Kissingen, Tolstoï explose : « C'est abominable ! Des prières pour le roi ; des coups ; que du par cœur ; des enfants terrifiés, molestés. » Il réduit le matériel pédagogique dernier cri mis au point par Friedrich Fröbel aux « cubes, aux tableaux et à toutes les bêtises qu'inventent les Allemands ». Il se moque longuement des « pédagogues de l'école allemande » qui racontent des inepties devant des enfants incrédules et « exercent leur métier si hardiment sous le feu de quarante paires d'yeux qui se moquent d'eux ». Et voilà son diagnostic général pour l'école Pestalozzi-Fröbel : « Je pourrais écrire des livres entiers au sujet de l'ignorance crasse dont j'ai été le témoin dans les écoles de France, de Suisse et d'Allemagne. » Le message est clair : il n'y a rien à sauver. Mais pourquoi donc s'attaquer à des gens qui ont, comme lui, le souci des enfants et le goût de l'innovation pédagogique ?

Essayons de voir ces expériences par les yeux de Tolstoï. Deux choses le font en réalité bondir (et son mauvais caractère fait le reste) : le maintien de la discipline et le primat de la théorie sur la pratique. Pestalozzi est l'homme qui a supprimé les punitions et les récompenses dans son école d'Yverdon. Mais il est resté ambivalent sur la notion de contrainte. Ses établissements restent des lieux fermés, où le savoir est détenu par les maîtres. La liberté des enfants s'y trouve donc très encadrée – témoin le jeu, au cœur du « jardin d'enfants », mais un jeu dirigé, orienté, pollué par du matériel compliqué et inutile avec lequel les pédagogues font plus volontiers joujou que les enfants, souligne acidement Tolstoï. Quant à l'absence de sévices physiques prônée par Pestalozzi, le principe n'en sera pas toujours repris par ses héritiers.

Il faut dire que les écoles que visite Tolstoï ne sont plus celles des pères fondateurs, et que l'on y observe des dérives. La leçon de choses, censée partir de l'expérience, dégénère parfois en exercice non moins fastidieux et déconnecté du réel que les leçons apprises par cœur : chez les pestalozziens, pour apprendre la différence entre le proche et le lointain, on commence par cataloguer les parties du corps, jusqu'aux os des mâchoires ; dans les jardins d'enfants s'inspirant de Fröbel, on peut apprendre la gamme en montant une échelle à sept barreaux, se former à la géographie fluviale en creusant des rigoles dans une planche – quand le maître ne représente pas les outrages faits au Christ en flagellant un élève. Le divorce est consommé entre l'idéal d'une éducation pratique et ses manifestations effectives, avec leurs méthodes contestables et leurs résultats décevants.

La plume caustique de Tolstoï s'en donne alors à cœur joie : il décrit avec gourmandise cette leçon de choses burlesque où un maître montre un tableau représentant un poisson en demandant aux élèves ce qu'ils voient. Ils répondent qu'ils voient un poisson. Ce n'est pas cela, dit le maître. On cherche, on cherche. Un détail sera-t-il dissimulé ? On donne sa langue au chat. Le maître révèle la bonne réponse : c'est « l'image d'un poisson ». Tolstoï propose à son lecteur d'imaginer la réaction d'un enfant russe si on lui demandait sérieusement si le plafond est en haut ou en bas, ou combien il a de pieds – et, malgré sa mauvaise foi, il nous met de son côté.

Tolstoï émet néanmoins une critique plus fondamentale. Pour lui, le ver est dans le fruit : les pédagogues alternatifs proposent un modèle où l'on part du simple pour aller vers le complexe. Mais la vie ne fonctionne pas ainsi : elle nous présente des réalités complexes, qu'il nous faut analyser pour les comprendre. Ici encore, le roman se charge d'épauler la pédagogie : dans *Guerre et Paix*, Pierre Bezoukhov se retrouve prisonnier des Français lors de la prise de Moscou. Il a un temps ambitionné de changer le cours de l'histoire en tuant Napoléon, et est finalement arrêté dans la rue parce qu'il veut s'interposer pour empêcher le viol d'une femme arménienne trop pauvre pour fuir la ville à l'arrivée des envahisseurs. En résultent de longues semaines d'épreuves dans le froid, la faim et la mort. Plongé dans un sommeil fiévreux, il voit en songe le professeur de géographie dont il était jadis l'élève en Suisse. L'enseignant lui présente un globe qui lui paraît vivant, animé d'un mouvement obscur et mystérieux : à y mieux regarder, Pierre distingue des gouttes qui s'y pressent, formant des ensembles en perpétuelle recomposition. « Voilà la vie », dit à Pierre le professeur imaginaire. Voilà surtout une leçon qui fonctionne bien, car elle adopte un mouvement analytique qui inverse la progression du simple au complexe propre à la leçon de choses : malgré le délire, le jeune homme reconnaît la vérité de cette structure du vivant, si évidente et qu'on ne peut pourtant appréhender qu'après l'avoir longtemps étudiée. C'est d'ailleurs là le drame de ce personnage, qui pendant longtemps cherche vainement à démêler le chaos brut de sa propre existence : comme bien d'autres héros de Tolstoï, il lui faut des années de recherche pour découvrir des vérités qui sont en fait d'une simplicité évangélique.

« Voilà la vie » est le slogan qui définit le mieux la méthode de Tolstoï – mais qui fait aussi que ses pratiques s'apparentent fort à des leçons de choses. Il s'agit de présenter à l'enfant des phénomènes issus du monde vivant, qu'il connaît bien, qu'il rencontre tous les jours – mais pour lui en apprendre petit à petit à en décortiquer la complexité. Pourquoi l'eau se transforme-t-elle en neige l'hiver et en vapeur l'été ? Tous l'ont observé : l'objectif du maître doit être de décomposer les principes à l'œuvre. Il n'y a donc ni formules théoriques à apprendre, ni lois à maîtriser avant de commencer la leçon, contrairement à ce que Tolstoï a vu dans les écoles allemandes ou suisses : il s'agit simplement d'observer la matière foisonnante fournie par l'expérience pour essayer d'aller au-delà de son opacité.

À l'inverse, les pédagogies alternatives prétendument intuitives tombent dans le piège du dogmatisme : elles reposent selon Tolstoï sur une représentation abstraite et faussée de la vie, construite *a posteriori* par les théoriciens pour légitimer leur marche du simple au complexe. « L'image du poisson » est ainsi désignée comme ce qui est simple, alors que c'est ce qui est le plus abstrait par rapport à l'animal vivant. C'est ce trajet artificiel et stérile qu'on demande à l'enfant d'épouser, ce qui ne lui apprend rien tant il est en décalage avec le réel et sa propre observation. En 1872, compulsant le manuel inspiré des pédagogies allemandes publié par son compatriote Nikolaï Bounakov, Tolstoï retrouve exactement ce défaut. Il lit un récit de chasse où tout sent le faux : l'auteur ne cherche qu'à démontrer une loi générale et compose un récit dont les événements s'enchaînent de manière arbitraire vers ce but, au lieu de partir de la vie elle-même. Pire, pour le bien de la cause, on y voit un renard manger un cheval – ce qui n'arrive jamais dans la nature et ferait tiquer le moindre enfant de paysan. Comment une pédagogie qui prend de telles libertés avec le vivant et méprise à ce point les connaissances de l'enfant peut-elle prétendre former de jeunes esprits ?

Celui que Tolstoï devine dans ces histoires, celui qu'il voit poindre dans ces expériences, c'est l'enfant « des livres », cet enfant imaginaire qui peuple les traités de pédagogie, qui se laisse instruire sans regimber, démontrant ainsi l'excellence de la théorie de l'auteur. Mais ce ne sont pas des enfants « des livres » que Tolstoï rencontre dans ses voyages, ce ne sont pas eux qu'il a en face de lui sur les bancs de l'école de Iasnaïa Poliana. Durant son séjour en Europe, il est épouvanté par la misère sociale qu'il rencontre dans les grands centres urbains ; il est aussi impressionné par le savoir que les enfants y déploient, en dépit de l'école et non grâce à elle. À Marseille (qu'il visite, car son frère Nikolaï se meurt de la tuberculose juste à côté), il interroge un minot qui lui explique doctement qu'Henri IV a été assassiné par Jules César, alors qu'il fait preuve de beaucoup de finesse quand il faut parler des *Trois Mousquetaires* ou du *Comte de Monte Cristo* qu'il a lus chez lui. C'est le signe, d'après Tolstoï, qu'il existe « une école inconsciente », ancrée dans la vie, dans « les rues, les guinguettes, les cafés-concerts, les musées, les ateliers, les docks, les librairies », et qui vient heureusement corriger ou contrebalancer les apprentissages de l'école officielle.

Tolstoï rentre d'Europe convaincu que l'éducation ne s'acquiert pas principalement à l'école : une éducation véritable doit donc s'efforcer de reproduire cet apprentissage en liberté et remplacer l'école de son temps par une structure ouverte, où la leçon de choses et les manipulations de matériel dernier cri cèdent le pas aux conversations, aux lectures en commun, à tout ce qui dissout la frontière avec le quotidien. C'est pourquoi l'école de Tolstoï ne ressemble pas toujours à une école : elle inclut d'ailleurs une bibliothèque, un petit musée, un laboratoire, un atelier pour les activités manuelles, un terrain de sport. C'est pourquoi elle n'empêche pas les enfants d'arriver quand ils veulent, de partir quand ils le souhaitent, ou de sécher quand les travaux des champs l'exigent : elle sait que l'éducation s'acquiert aussi ailleurs. C'est une école « existentielle », qui vise moins l'acquisition de compétences scolaires qu'à accompagner un être dans sa formation.

Dans son journal *Iasnaïa Poliana*, Tolstoï raconte à longueur d'articles à quel point cette école fonctionne mieux que les autres : évidemment, comme ce n'est pas la bonne foi qui l'étouffe et que de toute façon toutes ses expériences pédagogiques concrètes n'ont pas assez duré pour qu'il mène une promotion jusqu'à la fin du cursus prévu, vous n'êtes pas obligé de le croire. Vous pourriez aussi lui rétorquer qu'il se permet de juger Pestalozzi et Fröbel à partir de quelques cas singuliers et qu'il généralise indûment et qu'au fond les différences qu'il a avec eux sont minimes. Vous pourriez même lui objecter que le *curriculum* qu'il choisit pour ses élèves est tout ce qu'il y a de plus classique et que c'est à peu de chose près celui qui est enseigné dans toutes les écoles, alternatives ou non, d'Europe et de Russie : « 1) bases de la lecture et lecture graduelle 2) rédaction 3) calligraphie 4) grammaire 5) histoire sacrée 6) histoire nationale 7) dessin 8) activités manuelles 9) chant 10) mathématiques 11) sciences naturelles 12) religion. » Vous pourriez enfin émettre quelques doutes sur le caractère profondément utopique de sa définition de l'éducation, conçue comme un désir spontané et irrépressible qu'a l'homme de progresser dans les connaissances et le savoir. Vous pourriez lui prouver par A + B qu'il se trompe, qu'il exagère, qu'il caricature... il ne vous donnerait de toute façon jamais raison.

Comment renoncer à son autorité

Lorsqu'en 1862, la police investit Iasnaïa Poliana pour fouiller l'école de Tolstoï, les agents sont persuadés qu'ils vont y trouver du matériau hautement séditieux, des traces de complot, des élèves que l'on transforme en révolutionnaires. Il faut dire que la période est très tendue : Saint-Pétersbourg est ravagée par des incendies que l'on dit provoqués par des étudiants souhaitant semer la panique et renverser le pouvoir. Les ennemis de Tolstoï n'ont pas tort de voir en lui un danger pour l'ordre public. Mais ils se trompent sur le caractère vraiment révolutionnaire de son école. Il ne tient pas à l'existence d'appels à l'insurrection ou de fictions utopiques imaginant un monde égalitaire, comme en cherchent les policiers. Il est profondément lié à la valorisation radicale de l'enfant – et plus précisément, à la valorisation de l'enfant par rapport à toutes les formes d'autorité qui pourraient s'exercer sur lui et qui se trouvent *de facto* abolies. L'écrivain invite à revisiter l'ordre du monde tel que nous le concevons ordinairement et à le passer au crible – destructeur – d'un regard à hauteur d'enfant. Il est d'ailleurs le premier à s'appliquer les conséquences de cette supériorité enfantine, en renonçant à la place traditionnelle du maître.

On l'a dit, Tolstoï fait son entrée sur la scène littéraire avec un texte qui va instantanément devenir un classique de la littérature russe : *Enfance*, paru en 1852. Le héros porte un prénom différent de l'auteur – il s'appelle Nikolaï, Nikolenka pour les intimes – et a encore ses parents alors que Tolstoï a perdu sa mère très jeune, mais l'écrivain puise largement dans ses souvenirs personnels, à tel point que l'on considère souvent le livre comme une autobiographie – d'autant qu'il est suivi de deux autres volumes, *Adolescence* (1854) et *Jeunesse* (1855) écrits dans la même veine. En réalité, le début de la carrière d'auteur de Tolstoï ne date pas de là : le futur écrivain commence à tenir un journal pour se distraire lorsqu'il doit soigner une MST contractée dans sa vie dissolue. Il ne perdra jamais cette habitude – tenir un journal, car pour le reste, il va devenir un grand apôtre de l'abstinence –, mais les biographes préfèrent jeter un voile pudique sur ces prémices peu glorieuses et s'en tenir à *Enfance* comme point de départ.

Enfance vaut en tout cas à Tolstoï la réputation d'être l'un des premiers auteurs à explorer avec tendresse les petites misères et les grands bonheurs de la vie enfantine. Sa future femme Sofia lit le livre à huit ans et déclare que c'est à ce moment qu'elle est tombée amoureuse de son mari – lors de la parution de *La Sonate à Kreutzer* en 1889, après trente ans d'union et de chicanes, elle sera au contraire épouvantée que les lecteurs puissent entrevoir une matière biographique dans cette nouvelle qui dépeint le mariage comme un enfer sur terre débouchant fatalement sur le meurtre.

Si Tolstoï parle d'enfance dans son premier texte publié, c'est aussi que toute la Russie de l'époque est traversée par une profonde interrogation générationnelle. Chez les gens de l'âge de Tolstoï, ceux qui vont devenir l'*intelligentsia* progressiste des années 1860, émerge une forme de rancœur contre les « pères », c'est-à-dire ces romantiques échevelés qui dans les années 1830 et 1840 croyaient qu'ils allaient transformer la Russie... et qui ont en fait laissé le chantier en plan, avec pour seul héritage une morale embrouillée et un lyrisme encombrant. Le premier à sortir les gants de boxe est un romantique lui-même, le poète Mikhaïl Lermontov, qui dans son poème « Méditation » (1838) accuse ses contemporains d'avoir sabordé l'avenir de leurs successeurs.

Il est difficile de comprendre la littérature russe de la seconde moitié du XIXe siècle sans avoir en tête que les écrivains font constamment le bilan de cette fracture qui oppose des pères pseudo-poétiques et velléitaires à des enfants laissés à l'abandon. On retrouve la violence de cette accusation dans le roman *Pères et Enfants* (1862) de Tourguéniev, qui suggère que pour les jeunes gens de son époque, il n'y a plus guère d'issue que le nihilisme ; Dostoïevski en fait aussi le constat amer en peignant dans *Les Frères Karamazov* (1880) une progéniture bigarrée et tourmentée, issue d'un père qui se pique de réciter du Schiller alors qu'il n'est qu'un bouffon sordide, qui inverse l'ordre des générations en courtisant la femme aimée par son fils, qui fiche la pagaille au monastère où son petit dernier est novice, avant d'être crapuleusement assassiné par son bâtard. L'un des fils finit au bagne, un autre devient fou, le dernier songera à embrasser la carrière de terroriste – et le bâtard se suicidera. Décidément, Lermontov avait vu juste, la génération des fils n'est pas promise à un bel avenir.

Tolstoï ne serait donc pas original en se concentrant sur le parcours d'un enfant, comme il le fait dans son premier texte ? Si, car ce n'est pas l'enfant dans son rapport à ses aînés qui l'intéresse, c'est l'enfant comme sujet autonome. Ce n'est pas ce que devient l'enfant qu'il met au premier plan : c'est comment l'enfant se raconte, comment il évoque le futile (les petits événements de la vie des bambins) et le grave (la mort brutale de la mère adorée). *Enfance* n'est peut-être pas totalement autobiographique, mais c'est un texte à la première personne. À ce titre-là, Tolstoï est très différent d'un Tourguéniev ou d'un Dostoïevski. Il considère qu'il ne s'agit pas de disserter sur le genre d'hommes que deviennent ces fils délaissés. Il suggère qu'il faut adopter leur point de vue, leur donner la parole, renoncer à sa position surplombante d'adulte pour épouser ce que l'enfant a à nous dire sur le monde.

Car ce point de vue est le bon, c'est ce qu'a oublié la génération de 1860, devenue une poignée d'intellectuels sérieux qui cherchent abstraitement comment éponger la faute des pères. Au contraire, on trouve chez notre auteur des passages où c'est toute une contre-morale enfantine inspirée de Rousseau qui se dégage : c'est d'ailleurs en Suisse, à Lucerne, que Tolstoï rédige en 1857 la nouvelle « Journal du Prince Nekhlioudov ». Le narrateur y vilipende les aristocrates avec qui il est en villégiature, car ils ont écouté un chanteur tyrolien leur réciter son couplet, puis l'ont laissé partir sans lui donner un sou. Pourquoi ? Parce que ses naïves chansons ont beau être attrayantes, il ne s'agit au fond que de complaintes sans valeur esthétique, susceptibles de plaire seulement à des jeunes filles ou des enfants. Des enfants, répond Tolstoï-Nekhlioudov ? Mais des enfants ne se seraient jamais comportés de manière aussi cruelle : « Les enfants observent la vie de manière très saine, ils aiment et savent ce que l'homme doit aimer et ce qui donne le bonheur, tandis que vous, la vie vous a tellement égarés et dépravés que vous vous moquez justement de ce que vous aimez et que vous cherchez ce que vous détestez et qui rend malheureux. » Cinquante ans plus tard, dans *Sagesse enfantine* (1909), Tolstoï reste fidèle à son idée en rassemblant vingt saynètes où des enfants dament le pion aux adultes par leurs réparties, mais aussi par un sens moral et une spiritualité non encore dénaturés.

Le regard de l'enfant transforme le monde : il dévoile par contraste la fausseté de la posture des adultes. Dès ses premières tentatives pédagogiques, Tolstoï a l'intuition que c'est à un renversement des autorités traditionnelles qu'il faut s'employer : le petit doit remplacer le grand. Et c'est l'un des *credo* auquel Tolstoï se tient avec le plus de cohérence dans sa vie : chez lui, l'aristocrate s'efface devant le paysan, les pères devant les fils, les puissants devant les humbles. Lorsqu'il connaît assez de grec pour lire la Bible (vous vous souvenez qu'il a appris cette langue sur le tard), il n'hésite pas à en proposer des traductions alternatives. L'une de ses plus réussies concerne un passage où il est question de Jean-Baptiste. Tolstoï repère une incohérence dans la traduction de son époque. On dit du cousin de Jésus que « jamais d'une femme il n'est né un homme plus grand que Jean-Baptiste ». Mais la traduction poursuit : « Le plus petit dans le royaume des cieux est plus grand que lui. » Tolstoï se fâche : quelle absurdité ! On vient de faire l'éloge du saint, est-ce pour dire maintenant qu'il ne vaut pas tripette ? Il propose donc une autre version : « Le plus petit dans le royaume du ciel est plus grand que celui qui n'y est pas. » Il s'agit de réhabiliter Jean, pas de le déconsidérer, glose Tolstoï : certes, c'est un mendiant, il boulotte des sauterelles au miel dans le désert, il est habillé d'une vieille peau de bête mangée aux mites et déchirée aux bords. Mais attention, bonnes gens : si petit soit-il dans votre échelle de valeurs terrestres, n'oubliez pas que celui qui se voue à Dieu vaut toujours mieux que vous, qui vous concentrez sur le seul monde présent. Revanche des faibles, dirait Nietzsche, validation de l'homme du ressentiment, nauséabonde inversion des valeurs.

Nécessaire inversion des valeurs, pense de son côté Tolstoï. Dans une société corrompue et sclérosée, on a besoin de candeur et non de force. On a besoin de revenir à un état de simplicité et non de se projeter vers toujours plus de progrès. En tout cas, lui-même a besoin d'abandonner, de lâcher, de renoncer – à son titre de comte, à son argent, à sa position sociale et, on va le voir, à son autorité de maître d'école – pour trouver sa vie vraiment valable. À la fin de son existence, Tolstoï garde précieusement dissimulé aux yeux de son épouse l'un des innombrables « projets de vie » qu'il n'a cessé d'imaginer : cette fois, il décide que le bonheur absolu serait de posséder deux chambres – une pour chaque époux, car dans la philosophie du dernier Tolstoï, faire chambre à part est obligatoire – et un petit potager. On voit bien à quel point ce projet rompt avec tout ce qui fait la vie d'adulte : on se croirait presque dans un conte.

Mais le propos de Tolstoï serait bien ennuyeux s'il en restait à une posture philosophico-morale et à une fétichisation de la figure de l'enfant. Son vrai coup de maître est de transposer cette idée dans ses romans – des romans qui peuvent en fait toujours être lus à hauteur d'enfant. Je ne parle pas de mettre entre les mains des plus jeunes les immenses volumes de *Guerre et Paix* ou les mille pages d'*Anna Karénine*, bien sûr. Mais justement, vous êtes-vous déjà demandé de qui il s'agit dans *Anna Karénine* ? Deux personnages portent ce nom. La femme adultère, celle dont tout le monde sait qu'elle meurt sous un train à la fin. Et puis il y a l'autre Anna, la petite fille que la précédente a eue avec Vronski. Dans le roman, on appelle cette dernière « Annie » pour la distinguer de sa mère – c'est un petit surnom affectueux comme celui de

Ekaterina-Kitty ou Daria-Dolly. De toute façon, les deux Anna ne se feront pas vraiment concurrence, puisque la mère disparaît et que le roman s'achève avant que la fille ne sorte de l'état de moutard sans voix au chapitre.

Cette petite manque de coûter la vie à sa mère à la naissance (la propre mère de Tolstoï est décédée d'une fièvre puerpérale à celle de sa petite sœur, et sa femme Sofia a failli mourir d'une fausse couche durant l'écriture du roman) : alors qu'Anna pense être sur son lit de mort, elle fait appeler Karénine, cet époux qu'elle a quitté, pour qu'il lui accorde son pardon. Il vient, voit Vronski éploré, son épouse à l'agonie : il pardonne. La scène est acclamée par la critique. Anna mourant avec au bord du lit les deux hommes de sa vie (lesquels s'appellent tous les deux Alexeï, d'ailleurs), cela aurait fait une belle fin.

Sauf qu'Anna survit (provisoirement). Et que Karénine se fâche. Tombé dans le giron d'une parente très chrétienne, il refuse à Anna la seule chose qui lui permettrait de retrouver un statut, certes marginal, mais néanmoins existant, dans la bonne société : le divorce. Quel est son principal argument ? Il veut pouvoir élever Annie, qui est officiellement de lui. Hors de question de laisser cette petite âme innocente évoluer dans l'antre de la débauche. Anna supporte de moins en moins de vivre ainsi, écartelée entre ses deux Alexeï, au nom d'Annie. Elle se trouve reléguée dans les limbes de la société tandis que Vronski peut se mouvoir librement dans le grand monde – privilège du mâle pour qui conquérir une femme mariée est une marque de distinction. Accablée, elle connaît une vraie déchéance morale et physique, se met à mentir, abuse de la morphine. Quand Karénine lui fait parvenir un refus définitif, elle n'en peut plus : elle se tue. Elle se tue parce que sa fille s'appelle Anna Karénine, et non Anna Vronski. C'est dire le rôle que joue cette petite fille dont les traits sont à peine esquissés dans le texte : elle incite à considérer qu'il n'y a, littéralement, pas de personnage mineur.

C'est anecdotique, me direz-vous. Au contraire, c'est au cœur de la philosophie et de l'art du roman de Tolstoï. Ce dernier nous encourage toujours à changer de point de vue pour sortir des idées reçues – et nettoyer son regard en adoptant un point de vue « simple », réputé naïf mais souvent formidablement perçant, est la meilleure piste à suivre. Vous pensez connaître le monde qui vous entoure, grâce à vos puissants cinq sens qui vous permettent de l'appréhender tel qu'il est ? Regardez donc le monde qui vous entoure comme si vous étiez une écrevisse, conseille Tolstoï dans *Qu'est-ce que la science ?* en 1908, deux ans avant sa mort. Cette idée est au cœur de la vision romanesque que déploie obstinément Tolstoï depuis *Guerre et Paix*. Le roman déploie une philosophie de l'histoire, mais celle-ci s'appuie sur une forme de perspectivisme – auquel participent de manière directe les personnages d'enfant. L'écrivain veut lutter contre l'image, selon lui erronée, que l'histoire est faite par le haut, que les événements historiques sont déclenchés par de grands hommes capables de changer la donne. Il veut montrer que cette représentation séduisante – elle fait la part belle aux héros du jour – méconnaît les dynamiques réelles du changement, qui suppose le mouvement spontanément convergent de tous les acteurs d'un moment historique. Pour Tolstoï, les guerres napoléoniennes ne sont pas le fait d'une immense et despotique volonté : chacun y a, à une échelle qui lui est propre, joué un rôle. Les grands comme les petits. *Guerre et Paix* fait ainsi une place importante aux enfants et aux adolescents et à leur expérience directe de la guerre. Le dernier de la fratrie Rostov, le tout jeune Pétia, meurt au combat dans une scène qui a tiré des larmes à beaucoup de familles russes de l'époque, où l'on entretenait encore avec ferveur la mémoire des proches tombés dans la lutte contre l'envahisseur français.

Mais la présence des enfants dans le roman sert aussi le point de repère pour inciter le lecteur à relativiser le cours de l'histoire tel qu'il se manifeste à première vue, pour saper la fable d'une épopée héroïque. On l'a dit, l'objectif de Tolstoï est d'alerter sur le caractère trompeur d'un sentiment de l'histoire qui donne trop de poids aux actions immédiates et concrètes entreprises par certains individus éminents – hommes politiques, rois et reines, *condottieri* divers. C'est avoir la vue bien courte que de penser la trame historique comme une sorte de petit jeu d'échecs où Napoléon cherche à damer le pion à Alexandre Ier (qui lui avait promis sa sœur en mariage). Au contraire, Tolstoï veut donner à voir le *cours* de l'histoire, comme un flot puissant qui trouve sa source dans la foule des actions anonymes et se joue sur le temps long, bien loin du sentiment de maîtrise des contemporains ou des belles reconstructions produites par les historiens stipendiés.

Au début de *Guerre et Paix*, le climat international a beau être des plus sombres, les personnages font tout le temps la fête. L'une d'entre elles nous permet d'entrer dans l'hôtel Rostov, où l'on célèbre la Sainte Natalia – prénom encore une fois partagé par la mère et la fille de la maisonnée. De manière inattendue, le récit se concentre plutôt sur Natacha, la petite, qui gardera tout le long du roman ce diminutif, comme pour indiquer son éternel statut de très jeune fille. Et l'on se demande bien pourquoi se concentrer sur cette gamine turbulente, typique de l'éducation si lâche que les Rostov ont donnée à leurs enfants. Tandis que les invités se pressent pour présenter leurs hommages à leurs hôtes et échanger les dernières nouvelles sur l'inquiétante situation de l'Europe, Natacha ne cesse d'interrompre, d'appeler, de s'interposer : elle veut savoir quelles glaces il y aura au dessert. On ne la calme qu'en lui assurant qu'il y aura bien de la glace à l'ananas, sa préférée.

Comme il aime à le faire, Dostoïevski jettera une pièce dans le jardin de Tolstoï à l'occasion des *Frères Karamazov* : il y dépeint une jeune fille noble mi-écervelée, mi-psychopathe qui rêve de manger de la compote d'ananas en contemplant un enfant crucifié. Il faut sans doute le comprendre comme l'expression extrême du scepticisme que ressent le rival de Tolstoï devant l'idée qu'une greluche comme Natacha Rostov puisse incarner la parfaite héroïne de l'époque des guerres napoléoniennes.

La réaction de Dostoïevski a beau être disproportionnée, il est vrai qu'on ne voit initialement pas bien quel rôle un être aussi puéril pourrait jouer dans le moment historique que va bientôt connaître la Russie. Et pourtant, c'est Natacha qui a raison : toutes ces conversations sont inutiles, car l'histoire n'est pas là. Ce qui va sauver la Russie, ce n'est pas le jeu complexe des coalitions et des coups bas fomentés par les grands de ce monde, objets de toutes les conversations du jour, mais l'alliance des masses qui se liguent pour repousser Napoléon. Et cette alliance spontanée de toutes les Russies, issue d'un mouvement profond et imprévisible, Natacha va le représenter dans une scène célèbre du roman qui se déroule quelques années plus tard. Lors d'une chasse, elle se retrouve à exécuter à la perfection et sans qu'on la lui ait apprise une danse populaire complexe. La jeune fille en fleur est donc aussi égérie nationale : elle souligne l'existence d'un esprit russe vivace et inextinguible, qui ne va pas tarder à faire ses preuves dans les combats à venir.

D'ailleurs, si Natacha connaît instinctivement cette danse, c'est justement parce qu'elle a reçu cette éducation très flottante que beaucoup condamnaient lors de son apparition initiale : ses parents ne l'ont jamais bridée dans son comportement, la rendant capable de se reconnecter naturellement à une essence russe que la bonne société et un dressage plus strict auraient effacée. Dans un article pédagogique rédigé un an avant de se mettre au roman, Tolstoï disait justement que l'éducation, comme l'histoire, n'a pas de but final, qu'il ne faut pas lui imposer une direction, mais se laisser porter par son mouvement. Contre la surface de l'événement, Tolstoï invite ici à penser les mouvements souterrains qui font réellement l'histoire ; contre une temporalité de l'immédiat, le développement de Natacha incite à se placer sur le temps long et ses déploiements complexes. Il faut donc suivre le fil que l'enfant dessine dans l'histoire – surtout s'il signifie que les acteurs à qui l'on prête traditionnellement du poids sur le cours des choses se trouvent dépossédés de cette maîtrise illusoire.

Prenez garde aux enfants dans *Guerre et Paix* : ils sont souvent là pour renverser la perspective et redonner du mouvement à une situation figée. Si vous êtes allés au bout du roman, vous savez qu'il s'achève par un grand moment théorique où Tolstoï développe sa vision de l'histoire indépendamment de la fiction. Heureusement, car la fin de l'intrigue déçoit souvent les lecteurs : non pas parce que Napoléon y perd la bataille, mais parce que le roman se termine sur des scènes fort triviales où, par exemple, la gracile Natacha, devenue une imposante matrone, examine attentivement la couleur du caca de son dernier bébé pour savoir si ce dernier est guéri de l'une des nombreuses maladies qu'un nourrisson contracte sa première année. Il faut l'autorité de la grande romancière contemporaine Lioudmila Oulitskaïa pour rappeler que ceci est tout sauf futile, et il faut sans doute avoir fréquenté des enfants en bas âge pour admirer à quel point Tolstoï inscrit aussi dans sa grande épopée ce qui fait l'étoffe de la parentalité : on se reconnaît alors dans cette autre scène où, au matin, le prince André, anxieux, passe la main sur le front de son enfant qui a été toute la nuit dévoré par la fièvre – il pousse un soupir de soulagement lorsqu'il sent sous ses doigts un petit visage tout frais.

En revanche, ce que l'on peut reprocher à l'épilogue est que Tolstoï prend soin de mettre le point final à toutes les histoires développées dans le roman : chacun a trouvé sa chacune, les familles de départ sont recomposées, tout le monde est casé sur son domaine respectif, la tempête de la guerre est finie. Tous les fils de l'intrigue sont dénoués – ce qui rend cette fin un peu plan-plan.

Mais est-ce si sûr ? Car ici encore, un enfant va renverser les choses. Qui plus est un enfant largement oublié, comme l'est Annie Karénine : il s'agit du petit Nikolenka, le fils orphelin du prince André. Rappelez-vous, le prince devait épouser Natacha, mais en a été empêché parce qu'elle s'est enfuie avec un autre, sur un coup de tête, puis parce que lui-même est mort de ses blessures lors de la bataille de Borodino. Il laisse un fils d'un premier mariage, qui n'intéresse à peu près personne jusqu'à l'épilogue. Là, le bambin prend tout d'un coup de l'épaisseur. Mieux, c'est le dernier personnage dont il est question : à cet orphelin étrange, toujours dans ses pensées, est laissé le mot de la fin.

L'ultime scène du roman nous montre Nikolenka se réveillant d'un cauchemar : il a rêvé qu'il marchait à côté d'un adulte qui le protège tandis qu'un autre menace de le tuer. Ce protecteur est d'abord son oncle Pierre, puis dans le cours du rêve ce dernier se métamorphose en son propre père – qui a durant sa vie toujours été plutôt hautain et sévère et qui, cette fois, lui adresse un sourire d'amour et de bonté. Nikolenka se réveille baigné de cette tendresse paternelle qu'il n'a jamais vraiment connue. Il déclare qu'il travaillera à être un héros comme son père, à connaître autant de gloire que lui qui s'est illustré sur tous les champs de bataille. L'histoire recommence, car ce discours est précisément celui que tient le prince André au début du texte, et dont il apprend peu à peu à se défaire. Au mouvement linéaire du roman s'oppose l'idée d'un cycle qui se renouvelle. Et celle d'une nouvelle ère qui s'ouvre : Tolstoï avait l'ambition d'écrire après *Guerre et Paix* un roman sur les décembristes, ces libéraux qui ont tenté une insurrection démocratique en 1825. Nikolenka aurait eu l'âge d'y participer. Est-ce à dire que ce personnage secondaire est en fait le héros à venir du prochain roman ? Est-ce à dire que ce que vous venez de lire n'est en fait que le prélude de l'histoire de Nikolenka ? Toute la glorieuse épopée napoléonienne et anti-napoléonienne semble ici aboutir au cauchemar du garçon, qui pourrait être le début de sa vocation décembriste. L'enfant est bien celui qui remet l'intrigue en marche là où on avait l'impression d'une stase et qui réinscrit l'histoire dans un flux qui ne s'arrête jamais.

L'école de Tolstoï a été la chambre d'échos de sa réflexion sur l'histoire. Entre 1859 et 1862, il n'a cessé de raconter les guerres napoléoniennes aux petits paysans, avant d'entreprendre l'écriture de son roman en

1863. Mais c'est surtout le terrain principal sur lequel va s'opérer ce renversement des autorités qu'il appelle de ses vœux. Tolstoï est à cet égard un maître atypique : dans ses souvenirs, sa femme relate qu'il n'hésite pas à se déguiser en chèvre (elle omet malheureusement de préciser quel était le sujet de la leçon) ; il est apparemment le premier dans la cour de récréation à organiser des batailles de boules de neige, et les enfants n'hésitent pas à se jeter collectivement sur lui pour essayer de le faire rouler dans la poudreuse. Il ne s'agit pas de seule fantaisie, mais d'une vraie doctrine, qui consiste à se mettre au niveau de l'enfant. Et Tolstoï va jusqu'à l'appliquer au domaine qui le concerne le plus intimement – l'écriture.

En 1862, il fait paraître dans son journal *Iasnaïa Poliana* un article fondamental – malheureusement, c'est aussi l'un de ses textes dont le titre est le plus difficile à traduire. Essayons ceci : *De nous ou des petits paysans, à qui revient le droit d'apprendre à l'autre à écrire ?* (plus littéralement, cela donnerait « Qui doit enseigner à qui à écrire, nous aux enfants de paysans ou les enfants de paysans à nous ? »). Tolstoï commence en rapportant des propos de lecteurs qui doutaient fort que l'histoire relatée dans le numéro précédent ait été écrite par les écoliers. Tolstoï s'excuse, il s'agit effectivement d'une erreur : l'histoire vient de l'un des maîtres. Mais la faute n'est pas si grave, poursuit-il, tant il est facile de distinguer les compositions des enfants de celles des adultes… qui sont toujours les plus mauvaises !

S'ensuit la description enlevée d'une expérience littéraire et pédagogique hors norme pour l'époque. Tolstoï raconte qu'il cherche un sujet de composition à proposer : la description de la forêt ou d'un cochon leur fait verser des larmes tant ils sont à la peine, et ils trouvent aussi trop difficile d'illustrer un proverbe à l'aide d'exemples tirés de leur vie de paysans. Un garçonnet demande alors à Tolstoï d'écrire lui-même pour voir qui de lui ou des enfants compose la meilleure histoire.

Tolstoï se prête au jeu et s'attelle à sa rédaction. Mais au bout de quelques pages, un des élèves, nommé Fedka, se met à lire par-dessus son épaule et rapidement, c'est toute la classe qui bombarde Tolstoï de ses commentaires. Le maître finit par écrire sous la dictée de Fedka et de son ami Siomka, qui ont pris la tête du groupe. Les deux comparses forment un duo d'éditeur sans pitié : ils coupent dans le texte, élaguent les détails inutiles, envisagent des développements nouveaux. À 7 heures du soir, le groupe se disperse, mais les deux bambins restent jusqu'à 11 heures, sautant allègrement le dîner ; ils reviennent le lendemain, puis le jour suivant pour terminer l'histoire. Lorsque, un jour où Tolstoï n'est pas là, leur manuscrit est découpé en morceaux pour faire des pétards, les deux enfants réécrivent entièrement le petit conte, qui s'intitulera « Il mange avec votre cuillère et vous arrache les yeux avec le manche » (il s'agit proverbe assez imagé sur l'ingratitude) et sera publié dans *Iasnaïa Poliana* sous la signature de Fedka Morozov et Siomka Makarov.

Tolstoï décrit ces séances comme l'un des plus grands moments d'émotion esthétique de sa vie. Il admire la volonté de Siomka de faire correspondre la fiction à la vie réelle des paysans : le petit garçon ajoute sans cesse des détails, des chaussures en écorce de bouleau traditionnelles des paysans russes à leur manière typique de s'adresser les uns aux autres. Il encense Fedka pour son imagination ardente et son désir de trouver des formules les plus expressives possibles pour transmettre les véritables sentiments des personnages. À eux deux, ils forment une sorte de muse enfantine qui rappelle à l'écrivain l'importance du « faire vrai ». Une *master-class* bien utile pour celui qui va s'engager moins d'un an plus tard dans la rédaction de *Guerre et Paix*.

L'histoire n'est-elle pas un peu trop belle ? Les petits paysans illettrés apprennent-ils réellement à écrire à l'écrivain en vogue ? On n'est pas obligé de croire que la rédaction des deux moutards « surpasse Goethe », comme le prétend Tolstoï. Mais on est frappé par l'énergie que met l'auteur à transformer le processus pédagogique en un échange réciproque, de même que par sa volonté de se mettre en scène comme un homme qui a renoncé à son autorité pour se mettre à l'école des enfants. Et on peut soupçonner que ce processus alimente effectivement l'œuvre : ailleurs, l'écrivain raconte comment, prétendant souhaiter épouser une paysanne dont il est épris, il interroge les enfants à ce sujet et prend leurs commentaires en note... peut-être pour la rédaction de la nouvelle *Le Diable* (1889), qui évoque cette intrigue ? Un autre jour, il reproduit leurs conseils dans son carnet lorsqu'il annonce, en semi-plaisanterie, qu'il veut renoncer à son statut de propriétaire terrien pour travailler la terre : est-ce pour mieux décrire le fauchage aux champs de Lévine dans *Anna Karénine* ?

De la même manière, dans l'échange avec Fedka et Siomka, on retrouve en filigrane deux de ses idées fondamentales : d'une part, nul n'est besoin d'éducation pour apprécier le beau ; d'autre part, un art authentiquement populaire doit, contrairement à celui destiné aux gens oisifs, sonner le plus vrai possible. Ceci devient le fondement de l'écriture de Tolstoï, qui déclare : « le héros de mon récit [...] c'est la *vérité* » et veut croire que son œuvre peut ainsi toucher les masses. La leçon reçue des deux petits paysans a-t-elle accompagné et peut-être formé Tolstoï écrivain, ou cette scène idyllique lui sert-elle seulement à illustrer ses propres conceptions ? La légende veut en tout cas que « vérité » soit aussi le dernier mot écrit par Tolstoï, sur son lit de mort, dans une phrase obscure dont on ignore comment elle devait s'achever – pas plus qu'on ne sait s'il a découvert cette vérité auprès des enfants ou s'ils lui ont simplement permis de confirmer ses vues.

Comment déprimer

À l'occasion de leur vingt-cinquième anniversaire de mariage, les Tolstoï organisent un banquet, comme adorent le faire les Russes. Ils sont entourés de leur famille et de leurs amis. L'un de leurs proches porte un toast à ces longues années passées côte à côte – et l'on entend Tolstoï bougonner : « ça aurait pu être mieux. » Tolstoï n'est pas un optimiste. Il porte sur l'existence un regard largement désabusé : mener cette vie bonne à laquelle nous aspirons tous alors que nous penchons tous vers l'envie, la paresse, le stupre, les occupations futiles, c'est plus qu'une gageure, c'est une énigme. Et le mariage, vous l'aurez compris, n'en parlons pas. Dans *Guerre et Paix*, le prince André transmet à son ami Pierre le cœur de toute sa philosophie : « Ne te marie jamais, jamais. » Il n'a que vingt-huit ans.

En tout cas, les personnages tolstoïens prennent souvent conscience de ce qu'ils auraient dû faire de leur vie au moment où elle s'achève : c'est en tombant lorsqu'il essaie d'accrocher des rideaux pour avoir un intérieur conforme à son statut de magistrat et épater ses collègues de bureau qu'Ivan Illitch, héros d'un court roman de 1886, découvre qu'il a un cancer. Une centaine de pages et une atroce agonie plus loin, il est mort : il n'a eu que le temps de voir à quel point il vivait jusque-là dans le faux, que ses proches et ses amis ne comptent guère interrompre leur sinistre mascarade sociale pour se confronter à la mort, que seul son valet paysan, qui sait encore ce que mourir veut dire, ne détourne pas le regard. Ivan Illitch a compris – mais il est trop tard.

Trop tard aussi pour le *moujik* du conte « Ce qu'il faut de terre à l'homme », écrit la même année. Mi-Fort Boyard, mi-*snuff movie*, l'histoire évoque un défi donné au paysan Pakhomm : celui-ci recevra toutes les terres dont il peut faire le tour entre le lever et le coucher du soleil. Mais s'il ne parvient pas à son point de départ avant la nuit, il perd tout. Pakhomm est avide. Au début de la journée, il est galvanisé de voir sous ses pieds défiler tous ces terrains qui seront bientôt à lui. Vers la fin de la journée, il s'aperçoit qu'il a vu trop grand, et commence à presser le pas pour arriver à temps. La panique s'empare peu à peu de lui et il se lance dans une course désespérée. Tous l'attendent et le félicitent quand il franchit la ligne finale : bravo, que de terres il a gagné ! Mais Pakhomm n'entend plus rien : il vient de mourir d'épuisement. On l'enterre sur place et on obtient une réponse à la question posée par le titre du récit. Alors, combien faut-il de terre à l'homme ? Six pieds, juste la place pour creuser une tombe. Pour une fois, le paysan ne fait pas preuve de plus de bon sens que le magistrat des villes.

Tolstoï ne veut pas finir comme eux. Par chance, si l'on peut dire, il est hanté par le spectre de la mort depuis une nuit de 1869 où, ayant fait étape dans le petit village d'Arzamas sur le chemin d'on ne sait quelque course sans importance, il est assailli par une angoisse inextinguible. La mort rôde. Elle fait naître en lui une terreur folle, impossible à contrôler. Il comprend qu'il n'y échappera pas et cette révélation, dépouillée de tout décorum, dans sa vérité nue et brutale, lui semble soudain insoutenable. La mort ne le quittera plus : elle ne viendra pas tout de suite, mais elle ne cessera de l'accompagner durant les quarante années qui lui restent à vivre. À partir de la nuit d'Arzamas, Tolstoï vit comme *à rebours* : tout lui apparaît au prisme de la mort à venir.

Paradoxalement, cela l'aide. Car se rappeler que notre temps est compté c'est aussi être incité à bien l'employer. La mort est ce qui donne son sens à la vie, vous l'avez entendu mille fois, c'est ce que nous nous répétons pour nous consoler. Sauf que, cette idée qui traîne dans toutes les philosophies et s'immisce jusque dans les guides de *self help*, Tolstoï va en faire l'expérience très concrète, à son corps défendant, avec *Anna Karénine*.

Quand il commence son roman en 1873, il ne sait qu'une chose sur son héroïne : elle va mourir. Il va raconter l'histoire d'une femme qui se tue. Sur le papier, ce n'est guère original : le roman naturaliste européen, de *Madame Bovary* à *Effi Briest*, ne fait guère autre chose que décimer des héroïnes plus ou moins bien sous tout rapport. Entre ça et les féminicides de Dostoïevski, on a l'impression parfois que toute la seconde moitié du XIXe siècle est *addict* aux morts de femmes. Cette femme qui meurt, à l'origine Tolstoï s'en fiche un peu, en tout cas il ne compte pas en faire tout un plat, seulement le symptôme de cette société viciée qu'il dénonce – une étude de cas, rien de plus. Mais Tolstoï n'a pas anticipé que la mort d'Anna donne mécaniquement de l'épaisseur à sa vie. Forcé de se pencher sur son existence, d'écrire cette vie à la lueur noire de sa fin, Tolstoï va peu à peu faire de son personnage cette Anna Karénine que nous connaissons – celle qui n'est en rien réductible à son suicide brutal, celle qui vaut bien mieux que ce que véhicule le qu'en-dira-t-on, celle qui cause l'admiration de Lévine quand il la rencontre enfin.

En effet, jusque tard dans le roman, Lévine n'a fait qu'entendre parler d'Anna, d'abord en bien quand elle n'est que la sage et prévenante belle-sœur de sa Kitty, puis en mal lorsqu'elle devient celle par qui le scandale arrive. C'est d'ailleurs sur le domaine de Vronski, qui jouxte le sien, que Lévine lui parle pour la première fois : terrain peu favorable pour cet homme si sévère qui condamne les intrigues de salon dans lesquels les aristocrates se complaisent. À son grand étonnement, il découvre une femme exceptionnelle, d'une intelligence rare, d'une sensibilité réelle. Il pressent qu'elle a une riche vie intérieure – et aussi que Vronski, bien plus banal derrière ses belles dents bien alignées qui lui valent les faveurs des dames, n'y a sans doute aucun accès. On est bien loin de la femme qu'on lui a décrite, sensuelle en rupture de ban et mauvaise mère laissant son fils derrière elle pour filer avec son amant. Bien loin aussi de la première image que Tolstoï s'était faite d'elle.

La genèse du roman croise ici un fait divers qui s'est réellement produit près de Iasnaïa Poliana : un jour glacial de janvier 1872, une dénommée Anna Pirogova se rend à la gare de Iasenki, et se jette sous le premier train qui passe. Ce suicide fait jaser : Sofia l'évoque dans ses lettres, retraçant à grands traits l'histoire d'une relation adultère qui s'effrite. Pirogova était l'intendante et maîtresse d'un aristocrate entre deux âges, Alexandre Bibikov, familier des Tolstoï. Jalouse de nature, elle avait craint que la nouvelle gouvernante allemande n'attire son amant dans ses filets, avait un temps eu recours au chantage affectif, avant de se tuer dans l'espoir au moins de susciter des remords. Mais ce qui rend l'événement notable pour Sofia Tolstoï, c'est surtout que son époux, en bon voisin, a accepté d'aller identifier le corps mutilé et même assisté à l'autopsie : il s'est d'abord effondré en sanglots devant le cadavre, puis s'est repris – quels nerfs ! La mort d'Anna Pirogova en elle-même ne compte pour rien, ce n'est qu'un prétexte pour ajouter une ligne au panégyrique fait par l'épouse. Sofia l'évoque avec le même flegme qu'elle aura pour écrire, quelques mois plus tard, que Bibikov a effectivement épousé la gouvernante allemande.

À l'origine, Tolstoï ne pose pas sur le destin de Pirogova un regard tellement plus bienveillant. Comme Lévine, il n'aime pas l'adultère, il méprise les couchailleries (sauf les siennes, qu'il consigne assidûment dans ses journaux). Pour lui, ce qui se passe à la gare de Iasenki n'est pas une tragédie, ce n'est même pas un roman : de fait, à ce stade, on imagine à peine plus qu'une petite nouvelle de Tchékhov sur le sujet. Il a pleuré au moment de l'autopsie, comme le fera Stiva Oblonski dans le roman, et comme lui a essuyé ses larmes et est passé à autre chose. Sauf que Pirogova ne passe pas. Un an plus tard, Tolstoï entame la rédaction d'un roman qu'il compte, dit-il dans une lettre, trousser en deux semaines, et qui sera en réalité le plus difficile à écrire de sa carrière.

Il parvient à une première version complète au début de 1874, si l'on en croit deux mandarins de la science soviétique, V. Jdanov et Z. Zaïdenchnour, qui ont retrouvé ce texte dans les archives. C'est plus qu'une ébauche, mais ce n'est pas encore *Anna Karénine*, achevé en 1877. D'abord parce que le roman se concentre sur le mari et sur ses réactions d'homme trompé – c'est en fait plus logique quand on connaît Tolstoï, d'une jalousie dévorante et souvent sans fondement. L'écrivain compose par exemple *La Sonate à Kreutzer* (1889) au moment où il regarde d'un très mauvais œil l'amitié de sa femme pour un de leurs amis, un violoniste qui ne fait pourtant pas mystère de son homosexualité. Il reste dans

Anna Karénine une trace de ce *male gaze* dans la scène où Lévine met à la porte de son domaine, à grand fracas, un aristocrate qu'il soupçonne de courtiser sa femme.

On imagine mal comment ce Tolstoï irascible et défenseur de l'ordre patriarcal pourrait prendre le parti d'Anna. De fait, dans cette première rédaction, elle n'est guère à son avantage : elle s'appelle encore parfois Tania ou même Nana, c'est une dame du monde, pas très belle, un peu creuse, très hypocrite – ce n'est pas pour rien que la première fois que Vronski l'évoque, c'est pour vanter ses talents d'actrice dans les petits théâtres de société où les nobles de l'époque se divertissent. Vronski la connaît d'ailleurs bien avant d'entamer avec elle une liaison : leur histoire est ainsi moins spectaculaire, moins fatale. Car cette Anna-là ne vit pas encore sous le couperet de sa mort prochaine : il manque à ce premier jet une scène cruciale, celle où Anna et Vronski se voient pour la première fois à la gare de Moscou, et où elle y contemple un avatar de sa propre fin.

Contrairement à la version de 1874, l'ombre de la mort d'Anna plane sur la version définitive du roman : elle est annoncée au début du livre par l'accident qui coûte la vie à un ouvrier coupé en deux par une locomotive, au moment où Anna et la mère de Vronski descendent du train où elles ont fait connaissance. Vronski, venu attendre sa mère et désireux d'impressionner favorablement Anna, remet quelques pièces à la veuve. Anna, elle, frissonne en songeant à la mort qui vient de passer si près, et dont elle semble pressentir que ce sera la sienne : « c'est un mauvais présage. » « Sornettes ! », lui rétorque-t-on. Vieille habitude, en particulier, selon Tolstoï, chez les aristocrates, de ne pas prendre en compte les leçons de la mort. Après celle d'Anna, Vronski essaie d'effacer le souvenir de leurs querelles en se remémorant cette première rencontre, où elle lui était apparue si belle, si heureuse : il ne comprend pas que le ver était dans le fruit. Décidément, la pauvre Anna n'a pas eu de chance de tomber sur lui.

En tout cas, cette Anna offerte en pâture au train ne peut plus être une aristocrate écervelée, une pécheresse qui n'attire aucune compassion. Sofia ne manque pas de consigner dans son journal la révolution qui s'amorce et que lui confie son mari : il lui explique qu'il veut écrire la chute d'une respectable épouse de haut fonctionnaire. Mais son but est de rendre cette femme pathétique, et non coupable. Ne jetez pas la pierre à la femme adultère, comme dit la Bible. Tolstoï confesse que, dès qu'il a opéré ce retournement, les personnages masculins se mettent naturellement en place et que tout devient clair. Ils forment, à l'exception de Lévine, une sorte de *boy's club* pas très glorieux, relégué au second plan. Quant à Karénine, premier héros de l'histoire, il restera fondamentalement le même homme initialement imaginé, mais l'écrivain transférera toute l'empathie qu'il avait à l'origine pour lui vers Anna. Empathie, et même identification. Rappelons-nous que cette femme qui meurt fait la même chose que Tolstoï à l'époque : elle écrit pour les enfants, comme l'écrivain qui rédige son *Abécédaire*. Alors, Anna Karénine, c'est lui ? Car elle aussi a perdu ses parents très jeune, et se trouve sans appui ni conseil devant la tentation de la chair. Tolstoï transmet encore à son héroïne sa propre aisance auprès des plus jeunes, ce qui fait les délices de Dolly, émerveillée de voir qu'Anna connaît non seulement ses neveux et nièces par leur nom (ils vivent après tout dans deux villes différentes, Anna à Saint-Pétersbourg, haut lieu du pouvoir avec son mari quasi-ministre ; Stiva et Dolly à Moscou, berceau de la noblesse dépensière et indisciplinée dont Tolstoï aime à faire le portrait), mais se souvient avec précision de leur caractère, des maladies dont ils ont souffert, etc. Ne jetez pas la pierre à la femme adultère – je suis derrière, comme disait Georges Brassens.

Tolstoï fait en réalité à travers l'écriture d'*Anna Karénine* l'épreuve directe de ce qu'il a décrit dans nombre de ses romans : la mort est inévitable, son spectre permanent peut nous plonger dans la dépression – *Confession* (1882), le texte le plus ouvertement autobiographique de l'auteur, raconte par le menu le désespoir et la tentation du suicide dans lesquels il a végété tant qu'il abordait cette question à travers un prisme purement rationnel. Mais la mort est aussi la raison pour laquelle la vie des autres a du prix – et la nôtre aussi. Elle nous condamne et elle nous sauve, en nous forçant à sortir du carcan de la raison, de l'habitus social, du comportement mécanique, pour aller vers ce qui compte vraiment. Elle nous fait entrer dans ce que Tolstoï appelle « le labyrinthe de liens » de la vie humaine, nous engage à aller au-delà d'une vision superficielle et souvent biaisée pour comprendre qui nous sommes et qui sont les autres – et enfin les aimer. Dès que la mort s'immisce dans l'existence de la futile Nana, dès qu'elle se rend présente à toutes les étapes de son destin, elle devient Anna, la femme qui vous arrache des larmes à la fin du roman.

Rappelons-nous le valeureux prince André de *Guerre et Paix*. Valeureux, mais sacrément hautain aussi. Par souci des convenances et respect pour son père, il diffère ce mariage avec Natacha qui les rendrait si heureux. Il laisse une jeune fille déboussolée, dont la conscience amoureuse s'est éveillée mais qui ne peut encore épouser celui qu'elle aime. Elle devient une proie facile pour les coureurs de jupons de tout bord, et parmi eux en bonne place le séduisant Anatole Kouraguine.

Il n'a aucun mal à circonvenir Natacha : ignorant qu'il est déjà marié, elle promet de s'enfuir avec lui. Heureusement, le plan échoue. Mis au courant, André rompt avec morgue les fiançailles, tout en pourchassant Kouraguine pour le tuer. Mais le dépravé se cache, puis la guerre éclate. Blessé lors de la grande bataille de Borodino, André est transporté à l'hôpital militaire : il doit endurer les hurlements du jeune homme allongé près de lui, qu'on ampute sans anesthésie. C'est Anatole Kouraguine. André lui tient la main durant l'opération, dont apparemment Kouraguine ne réchappe pas, car on n'entend plus jamais parler de lui. Plus tard, c'est Natacha qu'il retrouve : dévorée par la culpabilité, elle lui demande pardon au pied de ce qui deviendra le lit de mort d'André. Il lui avoue qu'il ne l'a jamais tant aimée – pas seulement parce qu'il meurt, mais aussi parce que les errements de Natacha la lui rendent plus vivante, plus proche. Tolstoï est très proche ici de Dostoïevski : la faute fait exister l'autre. On aime davantage les femmes tombées. C'est aussi la raison pour laquelle, du peintre en bâtiment de *Crime et châtiment* à Dmitri Karamazov, tant de gens chez lui se dénoncent pour des crimes qu'ils n'ont pas commis : la culpabilité nous aide à entrer en relation, à prendre notre part – des péchés du monde, dirait Dostoïevski ; du destin de l'homme mortel, dirait Tolstoï.

André est d'ailleurs un peu le spécialiste de la confrontation avec la mort : tout petit Russe connaît l'épisode du « chêne du prince André » avec lequel on martyrise des générations d'écoliers, faisant sans doute naître une aversion tenace pour Tolstoï dans son propre pays. Dans la première moitié du roman, André a perdu sa jeune femme (qu'il n'aimait pas) et à peu près tous ses espoirs : il passe près d'un chêne en hiver et compare son âme aux branches dénudées. Puis il rencontre Natacha et tout change : et le même chêne a justement reverdi, puisque nous voilà au printemps. Une issue au pessimisme de Tolstoï et de son personnage émerge : la mort est là, mais on peut la dépasser. On peut renaître par l'amour. Cette conviction vous paraîtra peut-être fleur bleue, mais Tolstoï n'est pas naïf : s'il fétichise l'amour, la compréhension mutuelle, l'union entre les hommes, c'est parce qu'il est rongé par l'angoisse de la mort et qu'il lui cherche à tout prix des remèdes.

Cette conviction sert de base à sa pensée politique : ce dont le monde a besoin, c'est que les hommes soient mis en relation les uns avec les autres, et avec le vivant. Seule cette perspective permet de contempler la mort avec philosophie, comme le fait le (bien nommé) Platon Karataïev de *Guerre et Paix*, qui embrasse au jour le jour ce que la vie lui réserve et aime spontanément qui se trouve autour de lui, comme un voisin, un frère provisoire dans le cours de son existence. C'est aussi un principe fondamental de la révolution pédagogique tolstoïenne : ce qui compte à l'école, ce n'est pas l'acquisition du savoir, c'est le contact avec autrui. La relation maître-élève est la condition d'un apprentissage efficace – et en réalité aussi son horizon.

Tolstoï prend ici à rebrousse-poil l'instruction de son époque, dont il considère qu'elle sert uniquement aux mieux nés, ceux qui reçoivent une éducation, à « se distinguer de la foule des pauvres ». Et cette éducation est trop souvent encombrée de tous ces objets lointains qui empêchent l'élève de s'interroger sur qui est son « prochain » : « on apprend à l'école toutes sortes de choses sur Alexandre le Grand et sur Louis XIV et ses maîtresses, mais on ne sait rien de la vie, du travail et de la souffrance de nos frères et sœurs à côté de nous, au village, et en ville dans les usines. » Là où l'instruction différencie et sépare, Tolstoï veut une école qui réunit, le maître à l'élève et les élèves, tous sur un pied d'égalité, entre eux.

D'ailleurs, quand il rouvre une deuxième fois l'école de son domaine en 1869, Tolstoï s'adjoint les services d'instituteurs bien particuliers : ses propres enfants. Eux n'ont pas été à l'école de Tolstoï : on a veillé à ce qu'ils soient tenus bien à l'écart des innovations pédagogiques dont leur père est si friand et si fier. À ses cinq aînés, Tolstoï ordonne néanmoins de participer aux leçons quotidiennes. Le petit Ilia, devenu grand, consignera dans ses souvenirs ses difficultés d'instituteur de six ans : alors qu'on lui avait donné pour tâche d'apprendre l'alphabet à un enfant de son âge, il perd son calme et se met à frapper le garçonnet qui ne comprend rien à rien. Son père arrive et lui dit que c'est lui qui n'a pas compris : il ignore qui est en train d'enseigner à qui. En demandant à ses enfants de l'épauler, Tolstoï veut aussi plonger sa propre progéniture dans le creuset scolaire.

En mêlant sa famille à ses activités pédagogiques (et en conférant parfois une supériorité aux petits paysans sur les petits maîtres), Tolstoï dit assez quelle dose d'affect il injecte dans son système. Mais s'il est l'un des piliers de sa propre école, elle compte bien sûr aussi des enseignants professionnels. Or, ceux-ci ne sont pas jugés sur des critères de performance, mais sur l'amour qu'ils mettent dans leur métier. Seule nécessité pour l'instituteur tolstoïen : « être épris de son école ». Or, « on ne peut pas s'éprendre d'une école où l'on est assis sur des bancs, où l'on marche au bruit de la sonnette et où on punit tous les samedis ». Tolstoï prend ici le ton de la pastorale pour faire aux maîtres la leçon : « Si tu veux par ta science élever l'élève, il faut aimer la science et bien la connaître, et les élèves t'aimeront toi et la science, et tu les élèveras. Mais si tu ne l'aimes pas, alors par quelque moyen que tu les forces d'apprendre, la science ne portera pas d'influence éducatrice. »

Vous trouvez cela un peu naïf, mais Tolstoï est bien obligé d'enrober d'un soupçon de poésie l'engagement pédagogique, qui est objectivement bien peu valorisé au XIXe siècle – et sans doute pas encore assez dans le nôtre. Pour clore sa trilogie autobiographique, Tolstoï fait figurer à la fin du volume consacré à sa *Jeunesse* (1857) une réflexion générale sur les différents types d'amour : prenant à contre-courant toute la tradition européenne depuis les romans courtois, il déclare la nullité totale de l'amour romantique et de sa version sacrificielle. Il les remplace par ce qu'il nomme « l'amour actif », celui qui fait attention à l'autre, qui se plonge dans les besoins quotidiens – qui anticipe, en un mot, notre définition moderne du *care*. La transformation de Natacha Rostov en solide mère de famille vous chagrine ? Le destin contrarié de sa cousine désargentée Sonia, condamnée à aimer dans l'ombre le frère de Natacha qui coule des jours heureux avec une épouse fortunée, vous émeut ? C'est que vous n'avez rien compris à l'amour véritable, selon Tolstoï. L'amour véritable ne repose pas sur une idéalisation : il investit le réel, il veut changer le destin de l'autre, il prend sur soi de rendre la vie meilleure pour tous. Dans la célèbre parabole biblique de Marthe et Marie, où les deux sœurs s'opposent sur l'accueil réservé au Christ (la première l'écoute béatement tandis que la seconde prépare à manger), Tolstoï prend le parti de Marthe – encore une pierre dans le jardin de la religion orthodoxe et du christianisme en général, prompt à prôner un ascétisme stérile là où Tolstoï encourage l'engagement pratique et en fait une forme d'amour bien trop négligée dans nos cultures.

À l'école de Tolstoï, l'amour est donc une valeur pédagogique fondamentale. Anna Karénine prend sur elle de s'occuper d'une petite fille anglaise pour tromper l'ennui de sa vie de recluse. On lui dit qu'avec ses talents pédagogiques, elle devrait ouvrir une école (ce qui vous rappelle sans doute quelqu'un). Elle rétorque, dans son français de femme du monde : « *je n'ai pas le cœur assez large.* » Si elle ne s'en sent pas capable, c'est parce qu'elle craint de ne pouvoir aimer tous ses petits élèves. C'est à tel point que les instituteurs de l'école de Tolstoï ne sont pas rémunérés, par peur qu'ils fassent primer l'intérêt sur la passion... Bien sûr, ici encore, le système tolstoïen est trop idiosyncrasique pour être exportable et généralisable : les maîtres se pressent pour enseigner à l'école du grand écrivain, là où l'Éducation nationale a bien du mal à recruter des volontaires pour faire un métier si exigeant pour un salaire si bas. Mais pour Tolstoï, on a tout intérêt à ne pas mélanger métier et vocation pour ne pas tarir la veine sentimentale des maîtres.

Dans *Enfance*, le misérable précepteur allemand Karl Ivanytch ne peut guère servir de parangon de l'instituteur idéal : ses connaissances, qui se résument à trois ouvrages sur la guerre de Sept Ans, la culture du chou et l'hydrostatistique, sont encore plus douteuses que son hygiène et il apparaît au début grimpant au petit matin sur les meubles de la chambre pour mieux chasser les mouches. Il rejoint ainsi la cohorte des précepteurs allemands ineptes que collecte volontiers la littérature russe dans sa puissante veine germanophobe : *La Fille du Capitaine* (1836) de Pouchkine évoque un Allemand qui a été coiffeur, puis soldat, avant d'être engagé en Russie comme instituteur « sans bien savoir ce que ce terme signifiait ». Le petit Nikolaï trouve son maître allemand insupportable, voire haïssable. Mais quand Karl

Ivanytch est congédié par le père – et surtout remplacé par un affreux précepteur français qui a la main lourde – l'enfant se rend compte que son ancien maître a une qualité indéniable, et qui passe si facilement inaperçue : il les aime. Il les aime au point de grimper sur les meubles pour chasser les mouches qui risquent de les incommoder – et tant pis si les petits cadavres réveillent Nikolenka en lui tombant dessus. Le maître devenu indésirable est outré de son renvoi : en signe de protestation, il présente au père de famille une liste de mille et une minuscules dépenses qui témoignent d'un soin incessant pour le bien-être des enfants et dont il n'a jamais demandé le remboursement – mais puisqu'on le traite en employé, et non en membre de la famille, il présente la note. Décidément, en éducation, l'amour et l'argent sont deux choses incompatibles.

Nikolaï est désolé de voir partir son vieil Allemand : l'école sérieuse, faite de punitions et d'apprentissage par cœur, commence pour lui, devenu trop grand pour avoir un précepteur qui se contente de l'aimer, là où à l'école de Tolstoï on n'envisage pas la réussite pédagogique sans cultiver l'affection entre le maître et l'élève. Karl Ivanytch est ridicule et inepte ? Certes, mais, comme le dira plus tard Tolstoï, « dans leur éducateur les enfants ne voient pas une intelligence mais un être humain. [...] Plus cette personne a de passions humaines, plus riches et fécondes seront ses observations. » Les instituteurs de Tolstoï ne sont pas payés, mais au moins ils sont libérés de l'obligation d'être parfaits – au contraire, mieux vaut être, comme Tolstoï lui-même, un être de passions, dans tous les sens du terme.

À l'inverse, le petit Sérioja, le fils d'Anna Karénine, se trouve en butte à des éducateurs qui ne veulent pas voir plus loin que le contrôle des connaissances. On a déjà évoqué la rigidité d'un père qui veut lui faire avaler des listes de patriarches antédiluviens. Le maître stipendié ne vaut pas mieux. Sérioja rêvasse devant sa leçon. Il se prend à imaginer que son père va rentrer à la maison, décoré des ordres de Vladimir ou de Saint-André. Non seulement le fils est éperdu de fierté pour son géniteur (qu'il espère un peu plus indulgent ce jour-là en raison de son succès), mais il décide de se montrer plus zélé, pour tenter d'égaler un père si remarquable (et qui est accessoirement la seule famille qui lui reste). Mais le temps a filé sans que Sérioja s'en aperçoive et, quand le maître l'interroge, la leçon n'est pas sue. Sérioja est puni : à nouveau, son âme est restée totalement opaque pour ceux qui l'entourent ; à nouveau, on lui suggère qu'il vaut mieux connaître un sujet ennuyeux sur le bout des doigts que de cultiver son monde intérieur, ses sentiments, ses résolutions de devenir quelqu'un de bien. On retrouve ici la critique tolstoïenne de l'éducation traditionnelle, qui veut qu'un lycéen apprenne « l'histoire, les mathématiques et, surtout, *l'art de répondre aux examens* ».

Plus loin, Sérioja interrompt le maître en plein discours pour lui demander quel jour est son anniversaire. Il espère briser la glace et nouer enfin avec lui une relation plus profonde. Gourmandé par son précepteur, Sérioja n'y comprend décidément goutte :

> *Serge regarda avec attention son professeur, examina sa barbe rare, ses lunettes descendues sur son nez, et se perdit dans des réflexions si profondes qu'il n'entendit plus rien du reste de sa leçon ; son maître pouvait-il croire ce qu'il disait ? Au ton qu'il employait, cela paraissait impossible.*
> *« Mais pourquoi s'entendent-ils tous pour me dire de la même façon les choses les plus ennuyeuses et les plus inutiles ? Pourquoi mon maître me repousse-t-il et pourquoi ne*

m'aime-t-il pas ? » se demandait l'enfant sans trouver de réponse.

Il faut entendre ici « amour » dans son sens plein – il n'est pas question de soupçonner le précepteur d'avoir pris son élève en grippe, comme le craignent souvent les parents modernes. Sans cette base d'amour, la transmission ne peut se faire, et Sérioja, pourtant très doué, va de fait passer pour un élève moyen, paresseux et velléitaire – comme Tolstoï lui-même. Pas par refus d'obéir, mais parce qu'« il connaissait son âme et la défendait contre ceux qui voulaient y pénétrer sans la clé de l'amour ». Histoire d'une éducation décidément bien trop patriarcale, et qui pourrait être désastreuse. Heureusement, c'est chez la vieille bonne, chez les serviteurs illettrés de la maison, chez les paysans du domaine, que Sérioja va assouvir « son désir ardent de savoir. »

Tout le monde n'a pas cette chance. Dans une lettre à sa tante Alexandrine de décembre 1874, Tolstoï raconte une visite qu'il fait dans une école où il a eu, bien avant Malraux, l'impression que c'est Mozart qu'on assassine. Il est partout frappé par le contraste entre « cette foule d'enfants en loque, sales, émaciés » et « leurs yeux brillants et leurs expressions souvent angéliques ». L'image qui lui vient nous renvoie à l'omniprésence de la mort : « Je suis terrassé par un sentiment d'agitation, de terreur, comme si je contemplais des gens en train de se noyer. Mon Dieu, si seulement je pouvais les sortir de l'eau, qui sauverais-je en premier, qui en second ? Ce qui est en train de périr est la chose la plus précieuse, cette étincelle de spiritualité qui illumine si souvent les yeux des enfants. Je veux une éducation populaire pour sauver ces Pouchkine et ces Lomonossov qui se noient. Chaque école en regorge. » Comme Anna Karénine prend chair et dignité pour lui parce qu'elle va mourir, les enfants de paysans méritent considération parce que, moins de cinq ans après la fameuse nuit d'angoisse à Arzamas, c'est encore la mort qu'il voit en eux. Une mort spirituelle, mais exprimée dans des termes très directs. Ici encore, l'amour n'est pas un sentiment naïf et spontané, mais ce que nous devons à une humanité qui ne sera bientôt, trop vite, plus rien.

Comment se complaire dans la contradiction

Soyons bien clairs : un écrivain n'a aucune obligation de se montrer exemplaire – pas plus que nous. Toutefois, il est frappant de constater à quel point les romanciers russes du XIXe siècle ont souvent professé des principes qu'ils étaient les derniers à mettre en œuvre. Tourguéniev se propose de sonder la société russe contemporaine depuis Paris ou sa datcha de Bougival. Dostoïevski, qui prône l'amour universel dans *Les Frères Karamazov*, fait preuve d'un antisémitisme notoire dans *Le Journal d'un écrivain* (qui, contrairement à ce que son nom indique, n'est pas un texte intime mais a d'emblée vocation à être rendu public). Nul n'a sans doute poussé cet art aussi loin que Tolstoï, lui qui, par son rejet de la littérature traditionnelle, est à la fois le saint patron et le grand apostat des lettres russes.

Sa vie est traversée par une série de revirements à 180 degrés, à tel point qu'on a l'impression de deux moitiés parfaitement symétriques. Il y a d'abord le Tolstoï désireux de réussir et parfois âpre au gain. Celui qui spécule en achetant des terres dont il sait qu'elles s'apprécieront, car elles sont riches en *tchernoziom*, qui tente la martingale avec son élevage de chevaux, qui passe chez Katkov et son *Messager russe* parce que c'est là que ça paie le mieux. Celui qui, en 1876, en plein dans le travail conjoint sur ses récits pédagogiques et sur *Anna Karénine*, profite d'un séjour à Moscou pour commander de somptueux costumes chez le meilleur tailleur de la ville, Philippe Ayet : il n'a pas toujours porté la chemise paysanne que vous lui connaissez. Et puis il y a le Tolstoï qui développe un goût prononcé pour le minimalisme, une éthique du dénuement. Il abandonne progressivement tout, jusqu'à devenir au seuil de sa mort une sorte de pèlerin déraciné. Sa demeure de Moscou témoigne de ces transformations de manière quasi schizophrénique : le rez-de-chaussée tient de la maison de maître typique, avec ses lustres à pampilles et ses fauteuils Voltaire ; l'étage est spartiate et dédié au travail. S'il s'agit sans doute d'une concession à Sofia, qui ne souhaite pas abdiquer les signes extérieurs d'aisance aristocratique, l'auteur ne s'embarrasse pas de rendre son lieu de vie cohérent avec lui-même – il devient au contraire la scène où se manifeste clairement cette scission interne.

C'est typique de Tolstoï et cela lui vaudra un soupçon durable d'inauthenticité, l'accusation d'être l'homme des fidélités successives. Comment peut-on à la fois partir pieds nus en pèlerinage au monastère d'Optina et... s'arrêter en chemin pour s'acheter des chaussettes ? Perdre la foi, cela arrive ; mais quand cela se produit deux fois, comme c'est son cas... si ce n'est pas de la négligence, c'est en tout cas de l'instabilité caractérisée. D'autant que même dans les périodes où il est un fervent chrétien, désireux de remettre au goût du jour l'héritage du Christ avant son appropriation par les institutions religieuses, il tient des propos qui ressemblent à s'y méprendre à du matérialisme athée : en 1902, alors qu'il est malade et que tout le monde le croit condamné (après tout, voilà vingt ans que Dostoïevski et Tourguéniev sont morts), l'Église lui demande d'enterrer la hache de guerre et de revenir dans son giron. La réponse est cinglante : Tolstoï fait savoir qu'il a beau être sur le point de mourir (il se trompe sur ce point), il croit toujours que deux et deux font quatre (il n'a pas tort sur celui-ci).

C'est que sur le fond, Tolstoï défend farouchement le droit à ne pas être toujours fidèle à soi-même. Se trouver en porte-à-faux avec ses idées abstraites, ses conceptions *a priori* n'est pas pour lui une pente, c'est une fatalité. La vie est mouvante. L'existence humaine ne saurait résister à ce mouvement, que le but de l'art est de faire sentir dans toute sa force. C'est la raison pour laquelle tant de ses fictions sont des récits de conversion, où à un moment ou un autre les personnages connaissent des changements brusques, subissent des épiphanies – et de manière générale ne tiennent pas en place. Tolstoï ne développe pas ses personnages, il les retourne. Songeons à Anna Karénine, la femme vertueuse que l'on appelle à la rescousse quand il s'agit de rabibocher un mariage et qui quitte son époux du jour au lendemain. Mais c'est une autre scène qui a causé la stupeur de la critique lorsqu'elle a paru en feuilleton dans *Le Messager russe*. Après avoir cédé aux avances de Vronski, Anna se repent d'avoir couché avec lui. Elle regrette, elle a honte et, s'abandonnant à sa détresse, elle se confesse longuement. On crie à l'incohérence : tout le roman avait jusque-là expliqué qu'il ne s'agissait pas d'une tocade sans lendemain, qu'Anna aimait véritablement Vronski. Pourquoi donc pleure-t-elle ? Pour Tolstoï, l'objection est totalement absurde. Elle l'est sans doute aussi pour quiconque a deux sous de psychologie. Mais c'est justement aussi ça que Tolstoï invente : la psychologie. De même que le Raskolnikov de Dostoïevski est une personnalité clivée entre raison et empathie, Anna Karénine est partagée entre passion et devoir. Elle aura, jusqu'à sa fin tragique, l'impression constante d'être en décalage par rapport à qui elle est, ce qu'elle veut, ce en quoi elle croit. Et puisqu'il ne passe pas tant de temps que cela avec elle dans le cours du roman (qui continue bien après sa mort), le lecteur inattentif pourra être tenté de se fier davantage aux portraits très cohérents mais très défavorables qui sont faits d'elle, alors que la vérité de sa personnalité, voire le signe de l'existence même de cette personnalité, se laisse voir dans cet entre-deux, dans le fait qu'entre nos actions et nos intentions, il y a en permanence du jeu.

Ce qui est gênant pour notre sujet, c'est que s'il est une zone de la vie de Tolstoï où ses contradictions se manifestent le plus clairement, c'est bien l'éducation. Il veut faire une école radicalement nouvelle, émancipée des préjugés du temps. Mais celle qu'il rouvre brièvement au début de la décennie 1870 est moins avant-gardiste, elle ressemble plus aux entreprises pédagogiques éparses dans lesquelles se lancent parfois des propriétaires terriens en mal de philanthropie : les enfants de Tolstoï y sont d'ailleurs invités à faire la leçon aux petits paysans et Sofia s'occupe des filles dans une pièce à part. Car si le maître n'hésite pas à tester ses innovations pédagogiques sur la progéniture de ses ex-serfs, il se garde bien de donner une éducation similaire à ses propres rejetons. Témoins les mémoires d'Ilia Tolstoï, l'un de ses fils, celui-là même converti dès l'âge de six ans en instituteur de fortune pour des enfants parfois bien plus âgés que lui. Contre toute attente, Ilia suggère que ses parents « avaient des vues semblables sur l'éducation » :

Nous grandissions en vrais « seigneurs », fiers de l'être et étrangers au monde extérieur.
Tout ce qui n'était pas nous, nous était inférieur et, par conséquent, indigne d'attention.
Nous regardions du haut de notre grandeur les enfants du village. Je ne commençai à m'intéresser à eux que quand ils

m'apprirent des choses que je ne savais pas et qu'il m'était interdit de connaître. J'avais à cette époque environ dix ans. Nous allions au village pour faire de la luge et nous commençâmes à nous lier avec les petits paysans. Quand papa s'en aperçut, il y mit vite bon ordre.

Aux enfants du maître, une éducation de maître, protégés du monde et surtout des théories paternelles par un solide rempart de gouvernantes anglaises et de précepteurs, pour reprendre la formule d'Ilia. Effectivement, à l'automne 1873, alors qu'il connaît la plus intense de ses périodes de réflexions pédagogiques, Tolstoï s'aperçoit que la vieille gouvernante française, Melle Raoux, le vole. Il la renvoie, puis demande à un neveu de se rendre dans un bureau de recrutement pour embaucher une gouvernante « Suisse ou Française » et « pas trop vieille », afin de « s'occuper de Tania et faire la leçon aux petits ». Presque un an plus tard, c'est à sa tante Alexandrine qu'il se confie sur ses efforts contrariés pour dénicher la perle rare : « J'emploie un vieil Allemand et une nurse anglaise, mais les aînés sont maintenant trop grands pour eux et nous leur cherchons un maître et une gouvernante. » Sa lettre est intéressée : Alexandrine est en charge de l'éducation de l'une des princesses Romanov et a certainement de bons contacts. Tolstoï détaille à sa tante la fiche de poste de la nounou idéale : une personnalité enjouée, d'une excellente moralité, dénuée de pédanterie ; peu importe la nationalité « du moment qu'elle est européenne et chrétienne » ; pas de niveau d'études requis, du moment qu'elle parle correctement ; elle doit avoir entre la vingtaine et la soixantaine – le mieux serait encore qu'elle soit mariée, et avec un enfant entre six et onze ans. Tolstoï conclut : si on ne lui trouve personne qui convienne, il se rendra lui-même en Suisse.

Bob Blaisdell qui relate cet épisode en déduit que Tolstoï est un père impliqué, qui veut le meilleur pour ses enfants, qui prend leur éducation extrêmement au sérieux – on peut aussi dire à nouveau que la contradiction ne fait pas peur à notre auteur, lui qui à la même époque rêve d'éducation populaire ou d'« université en gros sabots » (je traduis ainsi la formule qu'utilise Sofia, pour désigner le projet d'un séminaire pour les instituteurs des écoles paysannes, qui viennent eux-mêmes du peuple et portent souvent des *lapti*, ces chaussures en écorce tressée typiques du monde de la campagne russe). On songe à nouveau à Anna Karénine : elle, qui écrit pour les enfants, ne peut se résoudre à devenir institutrice, n'éprouvant aucune inclination pour les hordes de petites filles miséreuses qu'elle devine dans les classes. « *Je n'ai pas le cœur assez large. [...] Cela ne m'a jamais réussi* », confie-t-elle, en français comme il convient aux gens bien nés. En revanche, elle prend sous son aile cette petite Anglaise, Hannah, à qui elle transmet l'éducation de jeune fille rangée qu'elle a elle-même reçue. Quand il s'agit de ses proches, on ne sort pas si facilement que cela de son *habitus* d'aristocrate.

Et puisqu'on parle de la veine éducatrice dans *Anna Karénine*, qui n'est pas là pour rien, on va le voir, on a parfois le sentiment que vis-à-vis de ses propres enfants, Tolstoï se comporte en Alexeï Karénine. Cette fois, c'est Tatiana Tolstoï qui témoigne à charge dans ses mémoires, évoquant les leçons d'arithmétique prodiguées par son père et où l'on peine à retrouver notre maître d'école empathique sous les traits de ce « maître sévère, impatient » : « Je savais que la moindre hésitation de ma part le rendrait furieux, qu'il élèverait la voix et me réduirait à un état d'idiotisme complet. »

Ilia va dans son sens : « L'adjectif "douillet" était une moquerie très dure. Si papa en qualifiait quelqu'un, c'était la pire injure. »

> *Lorsqu'on sortait pour une promenade à pied ou à cheval, papa n'attendait jamais ceux qui, pour quelque raison, étaient en retard. S'il m'arrivait de rester en arrière ou de pleurer, il m'imitait en disant : « On ne veut pas m'attendre. » Je pleurais plus fort ; je rageais ; mais cependant je rejoignais le groupe.*

Tolstoï semble hériter de Rousseau jusqu'au bout des doigts : de même que l'auteur de l'*Émile* a abandonné ses enfants, celui qui professe que « la liberté est une méthode » et qui déclare que « la contrainte dans l'enseignement [le] répugne » n'hésite pas à éduquer les siens à la dure.

Mais le vrai sujet n'est pas là. Peu importe que Tolstoï ne suive pas ses propres principes, le point essentiel de toute cette histoire, c'est qu'il va affronter la contradiction de l'extérieur. La décennie 1870 est celle des grandes réalisations pédagogiques, son manuel d'apprentissage de la lecture et l'article « Sur l'éducation populaire ». Mais celles-ci s'effectuent dans un climat d'immense adversité : Tolstoï doit affronter conjointement les attaques de l'institution et le scepticisme de ses proches – le tout sur fond de rédaction d'un des plus grands romans du siècle, *Anna Karénine*. Car à cette époque, c'est Tolstoï qui se trouve très durement contredit. Par sa famille, ses amis, son cercle. Mais aussi par le biais d'une controverse fort officielle. Son instigateur ? Le très sérieux Comité moscovite d'Alphabétisation. L'objet du débat ? *L'Abécédaire*, dont une première version paraît en 1872. Cette publication va ouvrir une période troublée dans la vie de Tolstoï, où il doit se battre sur tous les fronts, pour prouver la validité de ses théories et de ses expériences, mais aussi pour achever ce roman qu'il pensait terminer en deux semaines et qu'il ne sait plus par quel bout prendre. La rédaction en est d'autant plus pénible que Tolstoï est accaparé par ces querelles pédagogiques, dont on craint un moment qu'elles ne lui fassent envoyer son héroïne à tous les diables. Mais en définitive, loin d'en être le fossoyeur, l'école de Tolstoï va relancer ce roman dont l'écrivain ne trouve pas d'emblée la clé et qui reste celui avec lequel il entretient la relation la plus conflictuelle. Chez Tolstoï, la contradiction est décidément un moteur et une maïeutique.

Qu'est-ce que l'*Azbouka*, texte dont il existe en français plusieurs traductions, *Abécédaire*, *ABC* ou encore *Syllabaire* ? Pourquoi ce texte publié en 1872 pose-t-il problème ? Avant même que Tolstoï ne s'attelle à la sulfureuse histoire d'Anna Karénine, il tient là son premier succès de scandale. Car au milieu des recensions négatives, le texte croise la route de ce Comité d'Alphabétisation, établissement public fondé en 1845 à Moscou pour promouvoir la lecture dans toutes les couches sociales du pays et dont les membres respectables sont outrés de voir qu'un nobliau de province sans aucune légitimité scientifique a décidé de piétiner leurs plates-bandes.

L'*Abécédaire* n'est pourtant pas un maigre travail : il compte en tout quatre volumes, eux-mêmes divisés en quatre (pour le premier volume) ou trois parties – une méthode pour apprendre l'alphabet et les rudiments de la grammaire (c'est cet élément qui disparaît des volumes suivants, puisque les enfants sont désormais censés savoir lire) ; des récits pour s'exercer à la lecture, que Tolstoï invente ou adapte de la Bible, du folklore ou de la littérature mondiale ; quelques éléments de slavon, la langue liturgique de l'orthodoxie russe ; un cours d'arithmétique ; les parties destinées aux élèves sont accompagnées d'une section séparée et dédiée à l'instruction des maîtres. Le cycle de ces quatre volumes est organisé selon un principe graduel qui doit développer progressivement les compétences : c'est toujours à une école que Tolstoï pense, il développe un parcours, se projette sur un apprentissage au long cours. *L'Abécédaire* est pensé pour « donner aux élèves, pour le prix le plus minime, la plus grande quantité de choses compréhensibles », dit-il. C'est autant un manuel de lecture qu'une encyclopédie des savoirs scolaires, où les enfants peuvent apprendre les bases de la botanique, du magnétisme ou de l'astronomie.

Le tout compte 758 pages dans la première édition. En ce qui concerne les récits destinés à l'apprentissage de la lecture, puis au développement d'une culture personnelle, il y en a 353 dans la version finale du texte et 256 autres ont été écrits avant d'en être écartés. En 1876, Tolstoï ajoute la série des *Livres russes pour la lecture* : voilà une grosse centaine d'histoires de plus, dont certaines, comme sa version de Boucle d'or et les Trois Ours, sont devenues des classiques de la littérature jeunesse russe. En tout, depuis qu'il a constaté pour la première fois, dans les années 1860, l'absence de bons livres pour l'éducation des masses jusqu'à la parution du *Nouvel Abécédaire* en 1875 puis de la version autorisée par l'État en 1878, Tolstoï consacre quatorze années à cette entreprise gigantesque. En 1872, il écrit au poète Fet (et pour une fois il ne lui parle pas de leur amour commun pour la gent équestre) : « Mon *Abécédaire* ne me donne aucun répit et ne me laisse de temps pour rien. [...] Je ne sais pas ce qu'il en sortira, mais j'y ai mis toute mon âme. »

Pour le Comité, c'est un éléphant dans un magasin de porcelaine. Ce livre n'est pas seulement écrit par quelqu'un qui n'a aucune formation pédagogique : son auteur cherche à faire des enfants les acteurs de leur maîtrise du langage écrit et parlé – donc aussi à rendre les pédagogues inutiles, et les comités comme le leur surannés. Il regorge d'idées farfelues – ainsi celle qui suppose que le rôle de l'école est moins d'éduquer que de contribuer au développement de l'enfant comme sujet global, en s'appuyant sur des instruments plus que suspects comme les fictions, celles écrites par l'auteur ou celles qu'il encourage les élèves à produire. Il propose pour les débutants en maths de substituer les chiffres romains aux chiffres arabes, trop abstraits ; puis, pour les niveaux plus avancés, de dynamiter les conventions mathématiques en déconstruisant le système décimal pour mieux apprendre les fractions. Il abolit l'enseignement de toutes les règles grammaticales, de toutes les subdivisions du discours, de toutes les classifications scientifiques, pour promouvoir une approche intuitive qui s'appuie sur la variété des détails plutôt que sur la puissance ordonnatrice de la règle. Il élabore une « méthode syllabo-acoustique », où l'apprentissage repose sur l'oralité, plus facile que l'écrit pour les petits paysans : il s'agit d'accroître leur sensibilité auditive en combinant et décomposant les sons et les syllabes de façon progressive. Ainsi, tout le premier volume de l'*Abécédaire* est composé de mots de deux syllabes et six lettres, qu'on fait varier dans des combinaisons presque infinies.

C'est ce dernier point qui met le feu aux poudres. Dans un essai publié par les *Nouvelles moscovites* le 7 juin 1873, Tolstoï se vante de l'efficacité de sa méthode complètement nouvelle, qui insiste sur le pouvoir de l'oreille par rapport à celui de l'œil et sur l'approche par unité sonore. Il s'oppose ainsi aux méthodes phonétiques et surtout orthographiques, en cours à l'époque, et qui lui paraissent reposer trop sur l'écrit dans les premières étapes de l'apprentissage de la lecture. Le 23 octobre, ce qui est extraordinairement tôt compte tenu de la lenteur des échanges à cette époque, le président du Comité pour l'Alphabétisation demande à Tolstoï de venir leur présenter ses travaux. C'est une convocation, peu amène, mais Tolstoï relève le gant.

En fait, cette lettre tombe à pic. Tolstoï a les plus grandes difficultés avec ce nouveau roman, cette histoire de femme adultère que Sofia voit avec terreur s'éteindre à petit feu. Le 16 octobre, une semaine avant la lettre du comité, elle écrit à sa sœur que le nouveau roman est « complètement abandonné ». Tolstoï préfère faire des expériences pédagogiques sur les paysans des environs. Sofia va peser de tout son poids pour tenter de réorienter l'énergie de son époux vers le texte en souffrance. Elle y parvient un peu : le 9 janvier, elle se corrige en expliquant à Tatiana que la rédaction a repris, que le texte change complètement d'allure, qu'elle fait beaucoup de copie pour faire avancer la chose (c'est le premier état du livre dont vous avez entendu parler dans le chapitre précédent).

Mais décidément, Tolstoï n'a pas la tête au roman. Il est accaparé par cette querelle pédagogique où il entrevoit, après les recensions négatives de l'*Abécédaire*, une occasion en or de prouver une nouvelle fois que c'est lui qui a raison. Il répond au comité en leur proposant une expérience pédagogique en immersion de dix jours plutôt qu'un exposé de théories abstraites. Certains rechignent : voilà encore une innovation, on cherche à démontrer par l'expérience, c'est trop déroutant. Puis on accepte l'idée d'une leçon ouverte. Tolstoï va passer tout le début de l'année 1874 à préparer cet affrontement. Le 15 janvier, laissant *Anna Karénine* en plan, il part pour Moscou. Le 17 janvier, il prononce une leçon devant une assemblée d'ouvriers, avec en fond la petite vingtaine des membres du comité et 65 auditeurs extérieurs (Tolstoï se félicite d'avoir attiré, dit-il, trois fois plus de public que d'habitude). Rien n'en ressort vraiment : loin de ses bases, en dehors de Iasnaïa Poliana, Tolstoï n'est pas à l'aise et le comité gardera le souvenir d'un mauvais orateur ; les ouvriers ne sont pas des enfants et l'approche fonctionne mal sur eux ; le public nombreux qui assiste à la leçon distrait à peu près tout le monde dans la salle trop exiguë.

La rencontre s'achève sur un match nul et chacun rentre chez soi un peu déçu. Tolstoï a néanmoins pu profiter de son séjour à Moscou pour faire deux choses qui lui tiennent à cœur : il est passé à l'imprimerie de son éditeur Katkov pour évoquer l'édition d'*Anna Karénine* en volume – il est encore persuadé qu'il écrit un texte court, qu'il finira de trousser en rentrant chez lui. Et surtout, il s'est attardé pour visiter les écoles de Moscou où l'on enseigne selon sa méthode, pour se convaincre encore davantage du bien-fondé de son point de vue. On retrouve ici ce qui inquiète tant Sofia, à savoir la dissymétrie de ses intérêts entre roman et école. Elle n'est pas au bout de ses peines : apprenant que le comité va rendre sa décision le 13 avril, Tolstoï revient à Moscou en toute hâte ; on lui annonce qu'il n'y aura pas de vainqueur officiel, mais le président du comité encourage Tolstoï à exposer ses théories dans un article. De là sortira « Sur l'éducation populaire » : le titre est repris d'un de ses articles de 1861, l'époque du journal *Iasnaïa Poliana* – c'est qu'il persiste et signe. Après un intense travail et des négociations au moins aussi intenses avec des éditeurs peu intéressés, l'article paraît en septembre 1874 ; Tolstoï voit même plus loin et engage une révision complète de l'*Abécédaire*, qui paraît en février 1875 sous la bannière de « nouvel abécédaire » et témoigne d'une volonté de trouver un compromis avec les pédagogues. Le texte est plus court et, ainsi que le précise la préface, adapté à toute méthode d'apprentissage de la lecture – une concession un peu hypocrite, car Tolstoï a descendu en flèche la méthode phonétique et la méthode orthographique dans son récent article-manifeste. Si l'abécédaire remanié n'achève pas de les convaincre tous, il est néanmoins recommandé par le ministère de l'Éducation, réédité dès le printemps, introduit dans les écoles. Il n'en sortira plus.

Mais cela signifie que 1874 est, pour *Anna Karénine*, l'année de tous les dangers : à peine commencé, le roman est en concurrence directe avec un tout autre projet, protéiforme et chronophage, qui va des leçons publiques aux articles dans la presse, en passant par d'autres travaux éditoriaux d'ampleur, comme la refonte de l'*Abécédaire*.

Et ça commence à sacrément ruer dans les brancards chez ses proches. Passe encore que les premiers mois de l'année aient été occupés par cette controverse un peu vaine, mais hors de question que le travail sur le roman soit encore repoussé. Pour relancer la rédaction d'*Anna Karénine*, Tolstoï se retrouve harcelé par sa femme et son éditeur Mikhaïl Katkov, qui ne comprennent ni l'un ni l'autre ce qu'il bricole avec cette histoire d'abécédaire : il a déjà consacré un temps coupable à cet ouvrage de rien du tout, mais là, en pleine création du roman, reprendre l'édition de 1872 pour l'améliorer ! Il risque de ne pas livrer à temps la suite des chapitres qui ont déjà commencé à paraître en feuilleton dans *Le Messager russe*. Katkov est contraint à ruser : comme, en pleine tempête pédagogique, Tolstoï veut faire examiner son nouveau manuel par un énième comité, il lui promet de le faire passer à un membre susceptible d'en faire une expertise favorable. Il conclut sa proposition en demandant, au détour d'une phrase : « Nous attendons de vous un morceau [d'*Anna Karénine*] pour la livraison de juin [1874 du *Messager russe*]. Où en est la conclusion de la première partie du roman ? Je suis assiégé par les souscripteurs. » Tolstoï ne répondra pas à Katkov sur ce dernier point, mais il demandera que l'on fasse parvenir le plus vite possible un exemplaire de l'*Abécédaire* à son éditeur impatient.

Le principal intellectuel de l'époque, Nikolaï Strakhov, était un interlocuteur fondamental de Tolstoï dans ces années-là et, justement, c'était un ancien professeur. Tolstoï lui demande instamment son opinion sur « De l'éducation populaire », qu'il présente comme sa « *profession de foi* » (en français dans la lettre), tout en lui confessant franchement que son roman est à l'arrêt. Strakhov le donne, son avis : c'est folie que de se lancer dans ces querelles, qui n'ont aucune chance d'aboutir à quoi que ce soit. Que ne se remet-il pas à *Anna Karénine* ? Lorsqu'il apprend que Tolstoï envisage d'abandonner le roman, Strakhov propose carrément de se mettre à son service comme secrétaire : « J'apprends avec horreur que vous arrêtez la publication – vous nous torturez avec cette attente. Tout ce que vous écrivez sur l'importance de votre travail pédagogique montre avec quelle force il vous attire. C'est en 1862 que j'ai lu votre *Iasnaïa Poliana* avec un grand enthousiasme ; par conséquent, vous ne pouvez mettre en doute ma sincère sympathie pour votre pédagogie – mais vous exagérerez en faisant passer au second plan votre art, qui est bien plus grand. »

Quant à Sofia, l'épouse, elle ne prend pas tant de précautions lorsqu'elle écrit à sa sœur Tatiana : « Qu'importe l'argent, écrire des romans, c'est sa vocation, c'est ce que j'aime, que j'estime, qui m'enthousiasme tant, tandis que je méprise profondément ces abécédaires, ces manuels d'arithmétique et de grammaire... Ce qui manque à ma vie maintenant est l'œuvre de Liovotchka, que j'ai toujours aimée et admirée. Tu vois, Tania, je suis une vraie femme d'écrivain, tant me tient à cœur ce travail de création. » En novembre, alors que Tolstoï s'est contractuellement engagé à rendre à Katkov des chapitres d'*Anna Karénine*, c'est à son frère qu'elle confie son épouvante : « Liovotchka est accaparé par les questions d'éducation publique, d'école, de formation des instituteurs, c'est-à-dire de comment il enseignera à des enseignants des écoles publiques, et tout cela l'occupe du matin jusqu'à la nuit. Quant à moi, je contemple tout ceci dans la plus grande confusion, je me fais du souci pour lui, avec toute cette énergie qu'il dépense dans ces activités, et aussi pour le fait qu'il n'écrit pas le roman. Et je ne comprends pas à quoi tout ceci sert, étant donné que cela ne concerne qu'un petit coin perdu de Russie, le district de Krapivna. »

Bref, Tolstoï a tout le monde contre lui. Mais il s'en fiche, et c'est lui qui assiège Strakhov en lui demandant ses commentaires sur l'article : il lui écrit des lettres de plus en plus insistantes le 20 mai, le 20 juin, le 31 août, le lendemain du jour où il a fait parvenir l'article aux *Annales de la patrie*, avec demandes que les corrections soient envoyées aussi à Strakhov au cas où la censure demanderait des coupes. C'est aussi vers lui que Tolstoï se tourne pour demander des ouvrages sur la pédagogie scolaire qu'il comptait mettre entre les mains d'Alexeï Karénine au moment où celui-ci se rend compte qu'il a désormais à sa charge l'éducation de son fils. Tolstoï voulait que Strakhov lui envoie des livres sérieux, mais un peu caricaturaux, en plein dans les nouvelles modes positivistes, car il voyait là une occasion en or de les attaquer (« quelque chose sur l'éducation en général, dans la veine anthropologique d'Ouchinski, ce qui se fait de plus neuf, de plus artificiel, mais autant que possible pas trop stupide »). De fait, Alexeï Karénine va devenir le contre-pédagogue de la fiction : avant d'engager le précepteur le plus en vue de Saint-Pétersbourg, dont les relations avec Sérioja se révèlent, on le sait, désastreuses, Karénine adopte un modèle pseudo-innovant que Tolstoï condamne et qui lui sert à se venger dans la fiction des pédagogues positivistes qu'il a affrontés en 1874.

Mais c'est dire aussi à quel point la veine pédagogique va venir irriguer *Anna Karénine*. Que Tolstoï écrive quasiment en même temps ses travaux pédagogiques et son roman suscite moins la métaphore du court-circuit que celle des vases communicants. Après cette grande pause en 1874, le travail reprend. Et le roman va devenir le dépositaire de cette grande réflexion sur l'enseignement : par rapport aux premières ébauches, la question des enfants y devient centrale – *via* le destin de Sérioja et celui de la petite Anna, notamment, on n'a cessé de le voir dans ces pages. Le roman devient aussi le terrain d'une vaste interrogation sur les conditions d'une vie authentique libre, sur l'acquisition d'une autonomie par rapport à la société – « je veux vivre », déclare Anna – dont on discerne les prolégomènes dans « Sur l'éducation populaire », où la liberté est présentée comme l'*alpha* et l'*omega* de tout enseignement, et aussi dans l'*Abécédaire*, dont l'ancienne comme la nouvelle version n'ont pour autre objectif que l'apprentissage de l'autonomie qui libérera les plus jeunes de l'emprise d'une société corruptrice. On est bien loin du projet initial, qui montrait une femme du monde assez vaine se lancer par désœuvrement dans un adultère crapuleux – ce projet que Tolstoï jugeait « trop simple » et où Anna lui paraissait « ennuyeuse comme un radis ». Hybridé avec les questions posées au sein du travail sur l'école, *Anna Karénine* revient au centre des préoccupations de Tolstoï, jusqu'au moment où il pose le point final en 1877. Il n'abandonnera cependant pas l'écriture conjointe des textes pédagogiques et du roman, comme en témoigne la centaine de récits écrits en 1876 pour composer les *Livres russes pour la lecture*. Tolstoï a bien fait d'insister, de n'écouter personne, de résister à ses contradicteurs. L'école de Tolstoï n'a pas empiété sur les terres du roman, bien au contraire. Elle a offert une planche de salut à un roman en perdition. Anna Karénine meurt, mais *Anna Karénine* est sauvé.

En uniforme, 1855.
Prismatic Pictures / Bridgeman Images.

Aux champs, par Ilia Répine, 1887, Galerie Tretiakov, Moscou.
Sylvain Collet / Bridgeman Images.

À son bureau, par Nikolaï Orlov, 1887, Musée Léon Tolstoï, Moscou.
Fine Art Images / Bridgeman Images.

Avec une bicyclette, vers 1890, collection de Sofia Tolstoï.
Fine Art Images / Bridgeman Images.

Au repos dans la forêt, par Ilia Répine, 1891, Galerie Tretiakov, Moscou.
Fine Art Images / Bridgeman Images.

Avec les enfants du village, vers 1900, carte postale.
Lebrecht Authors / Bridgeman Images.

Avec Maxime Gorki, vers 1900, photo de Sofia Tolstoï.
Bridgeman Images.

À Iasnaïa Poliana, vers 1900.
Leonard de Selva / Bridgeman Images.

Promenade hivernale, vers 1900, photo de Sofia Tolstoï.
Fine Art Images / Bridgeman Images.

Avec Mikhaïl Stakhovitch et Mikhaïl Soukhotine, vers 1900, photo de Sofia Tolstoï.
Fine Art Images / Bridgeman Images.

Pieds nus, par Ilia Répine, 1901
Bridgeman Images.

Avec sa femme Sofia, par Ilia Répine, 1907, Maison Pouchkine, Saint-Pétersbourg.
Bridgeman Images.

En famille sur la véranda de Iasnaïa Poliana, 1908.
Sovfoto/UIG / Bridgeman Images.

Dans le fauteuil rose, par Ilia Répine, 1909, Musée Léon Tolstoï, Moscou.
Lebrecht Authors / Bridgeman Images.

Avec son secrétaire Valentin Boulgakov, 1910, photo de Vladimir Chertkov.
Lebrecht Authors / Bridgeman Images.

Avec sa petite fille Tatiana, 1910, photo de Vladimir Chertkov.
Bridgeman Images.

Comment être un bon influenceur

Après 1880, au fil de pamphlets retentissants comme *Ma Religion* (1884), *Honte* (1895) ou *L'Esclavage moderne* (1900), Tolstoï devient un penseur fondamental – et, entre promotion du végétarisme, vindicte contre l'Église orthodoxe et défense de l'antimilitarisme, l'un des plus sulfureux de Russie. La police, comme toujours, s'inquiète et planque des indics parmi les disciples de Iasnaïa Poliana. L'un d'entre eux, Evguéni Markov, décide d'aller au contact avec le suspect : heureusement, ou malheureusement selon les points de vue, il est converti par les discours de Tolstoï, abandonne sa carrière au sein des services secrets pour devenir… instituteur. C'est dire à quel point l'écrivain a le don d'influencer – mais en réalité, cette faculté de convaincre et de convertir a tourmenté l'auteur toute sa vie.

C'est à cause d'elle qu'il en arrive à la conclusion que la littérature est dangereuse, car elle risque de vous emmener là où vous ne vouliez pas aller et même là où l'auteur n'avait aucune intention de vous conduire. Anna Karénine n'est pas Emma Bovary, et ce n'est pas une lectrice éperdue : il n'empêche, elle aussi est égarée par la lecture à un point décisif du récit. Sur le banc des accusés, un roman anglais que Tolstoï met entre les mains de son héroïne dans le train qui l'emmène, espère-t-elle, loin de Vronski (las, il l'a suivie et leur premier baiser sera sur un quai de gare où la neige force le train à un arrêt). Cette lecture déplaît à Anna mais elle ne peut s'empêcher d'être emportée, de vivre la vie des personnages, de se glisser dans les intrigues imaginaires – et justement, étourdie, remuée, elle cède à Vronski dès qu'elle le voit, alors qu'elle s'était juré de ne pas le faire. Dès lors, elle écrit son propre « roman » : c'est par ce terme que Dolly désigne l'aventure de sa belle-sœur, quand elle songe à la tête de son mari si elle lui concoctait le même scénario. Le « roman » qui trouble la sage Dolly Oblonski dit donc à la fois l'influence du livre sur l'existence et le danger moral qui en découle.

Tolstoï s'inscrit ici en faux contre toute l'intelligentsia russe des années 1860 et 1870, qui croyait dur comme fer à la capacité des fictions de proposer un modèle transposable dans l'existence des lecteurs. Le pouvoir russe ne voulait pas de réformes, ou en proposait d'incomplètes ? Qu'à cela ne tienne, le changement adviendrait par le livre. Gare, rétorque Tolstoï après avoir été un temps séduit par cette idée, car vous ouvrez la boîte de Pandore. Lui aussi a voulu qu'*Anna Karénine* soit l'aiguillon grâce auquel une aristocratie profondément corrompue ferait pénitence, et il garde un peu de cet espoir jusqu'à *Résurrection*, son dernier grand roman, qui en 1899 met en scène un noble repentant. Mais rétrospectivement, l'écrivain est épouvanté, tel Victor Frankenstein, devant sa propre créature : il s'aperçoit qu'en plongeant dans les racines du mal, de l'immoralité, de l'hypocrisie sociale, il a peut-être créé un puissant vecteur de transmission de tous ces fléaux. Du rêve d'une influence bénéfique à la hantise d'une perversion, c'est bien cette emprise incontrôlable du livre sur nos vies qui fait scandale, pour Tolstoï mais aussi pour un certain nombre de ses successeurs. Aux États-Unis, depuis les années 1960, une longue querelle philosophique s'est ainsi engagée pour comprendre pourquoi nous ressentons de l'empathie pour Anna Karénine : passe encore qu'elle soit une femme adultère, mais c'est aussi un être de papier, et qui pourtant suscite malgré nous une émotion, brouillant ainsi la frontière entre le réel et l'imaginaire. Vous pleurez à sa mort et le lendemain, en vous réveillant, vous songez qu'elle vous manque : décidément, la lecture vous a dérangé l'esprit.

Cette défiance platonicienne envers les histoires, ces fariboles qui tentent de se faire passer pour vraies, cette contagion entre les êtres et entre les régimes de l'être, Tolstoï la partage largement. Mais il sait aussi à quel point la fiction a partie liée avec la vie : au moment où le corps d'Anna est percuté par le train fatal sous lequel elle s'est jetée, Tolstoï compare son existence à un livre sur lequel la bougie permettant de le lire vient d'être soufflée. Les livres nourrissent nos vies, et nos vies sont comme des livres, tramées d'intrigues empruntées ou non au monde du roman. L'enjeu est donc crucial, et la responsabilité de l'écrivain se trouve engagée. Dès qu'il prend la plume, il s'expose à ce que cet entremêlement de l'existence et de la fiction ne conduise le lecteur sur la mauvaise voie. Au fil du temps, cette pensée se met à torturer Tolstoï : notre auteur est à cet égard très représentatif de l'engouement et la panique ressentis vers la fin du siècle devant ces phénomènes qui montrent à quel point il est facile de perdre le contrôle, de voir sa propre volonté dominée, sa conscience envahie. L'écrivain est fasciné par les théories de la suggestion de la jeune École de Nancy, il rêve de rendre visite, comme le fera plus tard Freud, au médecin hypnotiseur Hippolyte Bernheim, il explique avant la lettre que l'État et l'Église sont littéralement l'opium d'un peuple entretenu sciemment dans sa torpeur, il consacre une nouvelle à ce galvanisme qui anime et déforme mystérieusement les corps inanimés et une autre, écrite littéralement sur son lit de mort, à la bousculade inexpliquée qui coûte la vie à plus de mille personnes à Moscou en 1896, lors des cérémonies du sacre de Nicolas II. Il réfléchit de plus en plus à ce que tout ce trafic d'influences signifie pour les auteurs, et cela ne sent pas bon. Tenez, par exemple, ce livre anglais qu'Anna lit dans le train qui cause – partiellement, sans doute – sa perte, c'est très certainement un ouvrage d'Anthony Trollope, un écrivain que Tolstoï admire comme un frère. Comme quoi, c'est vraiment embêtant, car vous pouvez être un bon auteur et contribuer *de facto* à un désastre.

Cette dichotomie est à la base de la philosophie de l'art de Tolstoï et de son angoisse profonde face au matériau qu'il contrôle apparemment en maître, et qu'il a pourtant l'impression de manipuler comme un apprenti sorcier. *Qu'est-ce que l'art ?*, écrit en 1898, résume le problème : l'auteur y explique que ce qui permet de distinguer une œuvre d'art de quelque chose qui n'appartient pas au domaine de l'esthétique n'est pas, comme on peut le penser, sa beauté, mais sa qualité d'influence. Vous reconnaîtrez un chef-d'œuvre s'il vous bouscule, s'il vous chavire, s'il suscite en vous actions et pensées que vous ne pouvez pas dompter. Mais cette distinction entre un vrai art et un faux art en dissimule une autre : il y a un bon art et un mauvais art, en fonction de la direction morale dans laquelle l'œuvre authentique vous projette. Autrement dit, même une véritable œuvre d'art peut être, *in fine*, mauvaise : l'esthétique se débarrasse du beau, mais aussi de l'alliance apparemment naturelle et pour Tolstoï complètement naïve entre le beau et le bien. Il y a des chefs-d'œuvre vicieux. Et peut-être, se dit Tolstoï, que j'en ai écrits moi-même. Dans le doute, après 1880, il préfère tous les renier, *Anna Karénine* en tête. Seul à réchapper du massacre :

Le Prisonnier du Caucase (1872), fiction édifiante à destination… de la jeunesse.

Car à ceux qui pensent que Tolstoï se plonge dans la pédagogie pour signifier à l'art son congé se trompent. Après 1880, ce n'est plus simplement la pédagogie qui l'intéresse : ce sont les récits à destination des enfants, auxquels il a pris goût quelques années plus tôt en rédigeant ceux qui ponctuent son *Abécédaire*. Dans les décennies 1860 et 1870, fluctuant entre écriture et pédagogie, Tolstoï était en quelque sorte en mode AC/DC : l'écrivain cédait régulièrement le pas au maître d'école et *vice versa*, avant que la pulsion d'écrire ou la lassitude d'enseigner ne reprennent le dessus. En fermant son école fin 1862 pour se plonger dans *Guerre et Paix*, il avait juré qu'on ne l'y reprendrait pas, mais ne résiste pas longtemps. Moins de dix ans plus tard il récidive, se lance dans de nouveaux projets pédagogiques qui feront nettement concurrence à *Anna Karénine*, même s'ils alimentent de manière souterraine de nombreuses veines du roman. L'apparent virage philosophique et philanthropique de Tolstoï à partir de 1880 est considéré comme le moment où il tourne définitivement le dos à l'art romanesque, à la fiction, à la littérature de divertissement. Mais il n'en est rien. C'est une tentative de revenir sur le droit chemin, d'éviter de terminer dans le fossé. C'est la quête d'une réponse au dilemme exposé dans *Qu'est-ce que l'art ?* : en écrivant pour les enfants, Tolstoï ne perd pas l'art de vue – il le retrouve et il l'accepte à nouveau. Le récit de jeunesse devient pour lui le laboratoire où se résout la grande terreur esthétique d'un art qui risque à tout moment de vous faire basculer du mauvais côté, le terrain où il découvre comment une œuvre peut influencer *pour de bon*.

D'abord parce qu'enseigner et écrire ont partie liée. On ne peut pas concevoir une bonne leçon qui ne soit d'abord une bonne histoire. La narration est partout présente dans les pratiques pédagogiques tolstoïennes, à tel point que leur but ultime est d'inciter les élèves à écrire eux-mêmes : la composition est reine à l'école de Tolstoï. Vous vous souvenez peut-être aussi que, dès l'université, Tolstoï avait senti que l'histoire ne pouvait se donner à comprendre comme un faisceau de dates et de faits, mais seulement comme un récit qui explorerait les phénomènes en profondeur. Cette idée est partout présente dans les articles de *Iasnaïa Poliana* de 1862 où l'écrivain détaille le fonctionnement de son école. À vingt ans de distance, bien loin de ses déceptions académiques, il reprend quasiment les mêmes exemples pour souligner que la fiction est un outil fondamental de l'apprentissage :

> « *J'en suis venu à cette conclusion que non seulement il n'est pas nécessaire de connaître l'ennuyeuse histoire russe, mais que Cyrus, Alexandre de Macédoine, César, Luther aussi sont inutiles pour le développement de n'importe quel enfant. Tous les personnages et les événements sont intéressants pour l'élève, non par leur importance dans l'histoire, mais par l'art qui enveloppe leur activité, par la légende artistique créée par l'historien et, pour la plupart, par la tradition populaire… L'histoire ne plaît aux enfants que quand un sujet est artistique. L'intérêt historique n'existe pas et ne peut exister pour eux, donc il ne peut être question d'histoire pour les enfants.* »

Tolstoï met en pratique cette idée en racontant aux petits paysans de son école l'épopée des guerres napoléoniennes… et moins d'un an plus tard, s'attelle à *Guerre et Paix*. C'est dire l'entrelacement, non plus seulement entre le livre et la vie, mais entre l'art et l'école, théorisé et mis en pratique dès les premières étapes de la carrière de notre écrivain pédagogue. L'image du courant alternatif cède très tôt la place à celle des vases communicants. L'école de Tolstoï ne peut exister sans les talents littéraires du maître, son pouvoir de narration, de formulation. Cette puissance quasi magique des mots, le personnage de Lévine en fera dans *Anna Karénine* l'expérience lorsqu'il rencontre le *moujik* Fiodor, qui contre toute attente se révèle capable de répondre aux interrogations sur le sens de la vie qu'il traîne misérablement depuis plusieurs centaines de pages. Fiodor y répond sur le fond, en faisant la promotion d'un rapport pacifié avec le destin sous la forme d'une vie bonne, « comme Dieu le veut », mais aussi par la forme, grâce à son art de la formule qui va, littéralement, galvaniser Lévine : « Lévine avançait à grands pas sur la route, tout à une sensation nouvelle ; les paroles du paysan avaient produit sur lui l'effet d'une étincelle électrique et condensé l'essaim d'idées vagues, obscures qui n'avait cessé de le posséder. Elles étaient déjà présentes à son esprit, bien qu'il n'en ait pas été conscient. »

Et à terme, ce que Tolstoï veut inculquer aux enfants, ce sont moins des règles abstraites que les outils qui leur permettront, à leur tour, de conquérir ce pouvoir de s'exprimer de façon marquante : « Écartez les définitions grammaticales et syntaxiques, les subdivisions des parties et des formes du discours et les règles générales, mais obligez l'élève à faire usage des formes du discours, sans les lui nommer, à lire le plus possible en comprenant ce qu'il lit, et à écrire quelque chose de son invention. Corrigez-le parce qu'il a failli non pas à la règle, à la définition et à la subdivision, mais bien à la compréhension, à la construction et à la clarté. »

Pas de leçons de grammaire pour chien savant, pas de fétichisation de la connaissance pour elle-même, mais un *vade mecum* du bon orateur, de celui qui veut imprimer sa marque.

Tolstoï se considère à cet égard comme le maître *et* l'élève. Se destinant à écrire aux enfants, il est confronté, à cinquante ans révolus, au plus grand défi de sa carrière et perçoit la nécessité de réformer entièrement son style. Tout dans ces textes de jeunesse doit être, dit-il, simple, direct, rien ne doit sentir le faux, l'artifice : pour pouvoir prétendre répondre aux questions posées par la vie, les leçons de l'art doivent ressembler à la vie elle-même. Ainsi, dès les récits de l'*Abécédaire* dans la décennie 1870, il se force à rompre avec ce qui faisait jusque-là son écriture. Il retravaille son style, tente de lui faire prendre un tour plus sec, plus neutre. Et il ne comprend pas que l'on continue à chanter les louanges d'*Anna Karénine* alors que ce sont ces fables enfantines apparemment si simples qui lui font suer sang et eau. En 1876, il écrit à Evguéni Lvov, lui-même auteur pour enfants :

> *Votre lettre, cher Prince, m'a grandement réjoui – et grandement attristé. Elle m'a réjoui, car vous appréciez la forme de mes histoires pour le peuple, mais elle m'a aussi attristé, car depuis les quelque cinq années, je crois, que ces histoires ont paru, elles ne vous avaient pas spécialement intéressé et, comme le public en général, vous me considériez soit comme un spéculateur qui écrit pour le peuple afin de faire de l'argent, soit comme un vieux fou de cinquante ans qui n'a aucune idée de ce dont il parle. J'ai combattu la pédagogie allemande précisément parce que j'ai consacré une immense partie de ma vie à ces questions, parce que je sais comment pensent le peuple et les enfants du peuple et parce que je sais leur parler, et tout ce savoir n'est pas tombé du ciel parce que j'aurais du talent (mot stupide, insensé), mais parce que j'ai acquis cette connaissance par l'amour et le labeur. Les histoires et les fables écrites dans ces livrets ont été extraites d'une masse*

au moins vingt fois plus grande d'histoires que j'ai adaptées moi-même, et chacune d'entre elles a été révisée par mes soins au moins dix fois et m'a coûté plus de travail acharné que la moindre ligne de mes autres écrits. L'Abécédaire *m'en a coûté encore davantage. On m'a tressé des louanges pour tout ce que j'ai écrit, mais pas un mot qui ne soit une insulte n'a été écrit au sujet de la seule chose vraiment bonne et utile que j'ai faite, à savoir* L'Abécédaire *et les livres d'histoires qui l'accompagnent.*

Vous avez parfaitement le droit de préférer les romans de Tolstoï à ce vaste ensemble de textes écrits pour les enfants et pour les paysans. Mais vous n'avez pas le droit de méconnaître le caractère radical de l'entreprise que s'assigne là l'écrivain, ni de mépriser le temps et l'énergie qu'il y consacre. De fait, Tolstoï passe une grande partie des trois dernières décennies de sa vie à écrire ces livres qui, comme *Le Cercle de Lecture*, *Le Chemin de la Vie*, *Pensées de sages*, *Pour chaque jour*, proposent des récits tirés du folklore ou de la culture religieuse, des versions simplifiées d'histoires ou de réflexions des grands auteurs comme Tourguéniev ou Anatole France ou des grands penseurs de la tradition mondiale, de Confucius et Lao-Tseu jusqu'à... Tolstoï lui-même. Ce n'est donc pas une passade, et il en résulte un océan de récits sur lequel les critiques ont l'habitude de passer sans leur accorder beaucoup d'attention. On les interprète ordinairement comme des textes de vulgarisation à destination des enfants ou d'adultes peu éduqués, comme une simple extension du domaine de la pédagogie tolstoïenne à un public de lecteurs du dimanche, avec des résultats similaires : appauvrissement du style, morale trop évidente, renoncement aux ambiguïtés et à la profondeur psychologique du roman « véritable ». C'est oublier que le XIXe siècle adore les formes livresques participatives, de l'almanach qui réunit fiction et informations utiles au *keepsake* qui, bien avant la *fan fiction*, comprend de larges marges et des pages blanches à la fin où le lecteur peut s'approprier et peut-être prolonger l'histoire. C'est oublier surtout le caractère radical des conceptions esthétiques de Tolstoï, qui considère qu'on ne peut en rien réduire l'art au beau, et qui croit de plus en plus que, pour sauver l'art, il faut créer un type d'œuvre s'affranchissant des attentes esthétisantes du lecteur. Le roman « véritable » n'est donc pas celui auquel vous vous attendez – et peut-être que le romancier lui-même n'est plus là où vous le situiez, en fin lecteur que vous êtes de ses textes fictionnels. C'est déstabilisant, mais c'est précisément par là que c'est tolstoïen : il n'aime rien mieux que de vous faire sortir de votre zone de confort, vous faire penser hors du cadre.

Ces récits à des fins pédagogiques, qu'ils soient destinés aux enfants ou aux adultes, révèlent la tentative obstinée de Tolstoï d'exorciser le danger du roman pour pouvoir continuer à écrire. Ils constituent une expérience littéraire unique où l'écrivain tiendrait enfin ensemble les deux pôles évoqués par *Qu'est-ce que l'art ?* : un texte qui agit sur le lecteur (donc une *vraie* œuvre d'art), mais qui pousse sur la voie de la vie vertueuse (donc une *bonne* œuvre d'art). Une œuvre qui fasse œuvre utile, et que jusque-là le roman traditionnel n'a pas réussi à produire. Une œuvre qui introduise une contagion de la morale, et non une capillarité avec le stupre, même quand il s'agit de le dénoncer.

Et c'est au sein de son école que Tolstoï va poser les bases de cette contagion du bien. Car s'il est un lieu où la suggestion est vitale, c'est bien la salle de classe : c'est même le devoir du maître de suggérer, quand c'est le péril du romancier. Impressionné par les travaux de l'École de Nancy, qui pose les jalons de tout ce courant de la psychologie française qui s'intéresse aux lois de la suggestion et de l'imitation, Tolstoï commence par dépeindre cette zone ouverte à tous les vents qu'est la psyché humaine :

> *La qualité de chaque activité humaine est telle que – les psychiatres savent bien cela – si l'homme se trouve en état d'hypnose ou d'idiotisme, c'est-à-dire s'il n'a en lui aucun motif intérieur d'activité, il obéit à la première suggestion qui agit sur lui, le plus souvent sous forme de l'imitation de ce qu'il voit ou de la répétition de ce qu'il a fait : lui dit-on de marcher, il marche et devant un mur continue de mouvoir les jambes comme pour la marche. Lui approche-t-on une cuillère du visage, il la portera à la bouche si on ne l'en empêche. Ainsi agissent les hypnotisés ou les idiots. Mais tous les hommes de bon sens ont aussi cette qualité d'obéir à la suggestion étrangère ou à la leur propre.*

Jusqu'ici, le tableau est plutôt effrayant, et on sent poindre encore l'inquiétude obsidionale de celui qui voit soudainement les contours de la conscience s'éroder sous les coups de paradigmes scientifiques mettant à nu sa grande et dangereuse porosité à l'influence extérieure. Mais contre toute attente, Tolstoï ajoute : « L'éducation est basée sur cette qualité humaine ». Là où le siècle frissonne à l'idée que n'importe qui peut devenir un meurtrier ou une putain pour peu qu'il croise la route d'un influenceur quelconque, Tolstoï fait partie de ceux qui voient les choses autrement : c'est précisément parce qu'il est réceptif à la suggestion, parce qu'il est une bête imitative, qu'il est enclin à reproduire mécaniquement ce qu'il voit, que l'homme peut s'améliorer. Reste à trouver une structure susceptible de contrôler la nature des suggestions émises – ce sera l'école, puis, à nouveau, la littérature, mais une littérature qui a à cœur de produire une bonne influence.

L'école se trouve en effet au cœur de ces interrogations, car l'esprit de l'enfant est une matière particulièrement sensible à la suggestion – ce qui risque, dit Tolstoï, de mettre les jeunes âmes « au plein pouvoir des grands ». Reprenant sa distinction entre instruction et éducation, il retrouve la présence de la suggestion dans tous les compartiments de la vie de l'enfant :

> *Tout ce que nous apprenons intentionnellement aux enfants, connaissances scientifiques ou métiers, c'est la suggestion consciente ; tout ce que les enfants imitent indépendamment de notre désir (surtout dans notre vie, dans nos actes...), c'est la suggestion inconsciente.*
> *La suggestion consciente, c'est ce qu'on appelle l'instruction ; la suggestion inconsciente, c'est ce que nous appelons, au sens étroit, l'éducation.*

Jusqu'ici chez Tolstoï, l'instruction, c'est-à-dire ce qu'on apprend en classe, ce qui est proposé de manière verticale par le maître, n'avait pas vraiment bonne presse. Mais depuis qu'il est habité par cette exigence de discipliner le rayon d'influences émanant nécessairement de ses œuvres, il voit dans cette interaction dirigée une possibilité de faire jouer la suggestion contre la suggestion, d'opposer aux dérives morales rendues possibles par le tempérament imitatif des enfants, la contagion bénéfique de l'exemple. Et comme on ne peut pas faire totalement confiance au maître, Tolstoï préfère s'en remettre, pour une fois, à la fiction.

Avec, à terme, la possibilité pour les enfants de s'émanciper de ces influences inconscientes et incontrôlées par une exposition organisée au bien : Tolstoï n'a pas perdu de vue que la liberté est le but et le moyen de l'éducation, mais il propose un détour provisoire par la sujétion volontaire au pouvoir du récit. Celui-ci ressemble ici au petit enfant d'un récit particulièrement touchant de Tolstoï : dans un village, un voleur est arrêté et l'on s'apprête à rendre une justice sommaire. Mais un garçonnet fend la foule déchaînée et s'adresse à l'homme, qui se révèle être son père : que se passe-t-il ? Quand rentrera-t-il à la maison ? Le père tente de protéger son fils en lui disant que tout va bien, qu'il n'a pas à s'inquiéter, que son papa va rentrer, mais le petit le suit obstinément à travers le village, pressentant un malheur du haut de ses trois ou quatre ans. On apprend alors que ce père plus qu'imparfait est sa seule famille. La foule, émue, impressionnée par le marmot qui lui rappelle qu'un voleur est aussi un homme, retrouve ses esprits et renonce à l'auto-justice. Dans *Guerre et Paix*, Tolstoï avait déjà représenté une scène de lynchage organisée par le légendaire gouverneur de Moscou, héros de la résistance à Napoléon, le comte Rostoptchine : celui-ci se vante dans ses mémoires d'avoir donné en pâture au peuple de Moscou un jeune marchand accusé d'avoir diffusé des tracts pro-français ; le tout jeune homme tenait plus du simple d'esprit que du conspirateur, ce qui faisait de lui une cible idéale pour ce gouverneur matois et désireux de souder les Moscovites contre l'ennemi, quitte à sacrifier un innocent. Pour Tolstoï, cette manipulation de la foule pour en libérer les pulsions les plus noires est une transgression morale qui n'a rien d'héroïque : à des décennies de distance, il lui oppose le mouvement exactement inverse, la minuscule résistance au mal d'un petit garçon qui parvient par sa candeur à calmer la furie de tout un village, soudainement rappelé à des considérations morales un temps oubliées. Ce n'est pas l'action sur l'autre qui est condamnée par Tolstoï, mais l'horizon de cette action : pour Rostoptchine, il s'agit de donner droit de cité à une violence instrumentalisée à des fins politiques et personnelles ; dans le récit de Tolstoï, il s'agit de ramener la paix et l'harmonie là où tout s'est brutalement tendu, dérangé, dévoyé.

L'écrivain continue de répondre aux questions qu'il posait dans ses fictions sur un mode plus ambitieux : les lecteurs y retrouveront une tendance de fond de l'œuvre tolstoïenne, qui est de renvoyer à l'enfant comme la figure de référence de la moralité et de la spiritualité. Dans *Les petites filles sont plus sages que les vieux*, deux fillettes qui se disputent et diffusent la discorde dans tout le village : alors que leurs familles sont encore à débattre violemment pour savoir laquelle a raison, et par extension quel clan l'emporte, les petites réconciliées depuis longtemps jouent paisiblement ensemble. Mais surtout, ce que fait le petit garçon de la parabole tolstoïenne, c'est ce que doit idéalement faire l'art lui-même, selon l'écrivain : il ne dévoie pas, ne vous force pas à adopter une position qui n'est pas la vôtre ; au contraire, par la force de l'exemple, il vous amène ou vous ramène vers ce que vous voulez être, vers une position qui a toujours été la vôtre.

Ne croyez pas pour autant que ces récits dégoulinent de bons sentiments. D'abord parce que, comme on l'a dit, leur style est particulièrement sobre – une qualité plutôt rare au XIXe siècle, en particulier dans le roman russe. Ensuite parce que Tolstoï ne cherche pas à imposer une leçon morale, mais à mettre en scène la pertinence concrète de la morale. Ces récits sont donc toujours le déploiement d'un cas précis, d'une circonstance qui manifeste que la vie la plus simple recèle une réelle profondeur spirituelle, mais sans jamais imposer d'en haut une quelconque vérité au lecteur. Le récit pour enfants tolstoïen, c'est le règne du « comment » – un terme qui ouvre de nombreux récits pour enfants et que la forme de ce livre leur emprunte, en ajoutant par malice une petite note nietzschéenne, époque *Ecce Homo*.

« Comment j'ai appris à coudre », « Comment je me suis retrouvé bloqué dans les bois par l'orage », « Comment j'ai cessé d'avoir peur des mendiants aveugles », « Comment je n'ai pas été emmené à la ville » : les récits de l'*Abécédaire*, censés accompagner l'apprentissage de la lecture, sont les plus clairs à cet égard. Ils s'appuient sur des expériences concrètes : le dernier cité n'est d'ailleurs pas de Tolstoï, mais de Vassia Morozov, son petit élève si doué, qui raconte un épisode de sa propre vie. Leur structure est identique : il s'agit de récits faits *a posteriori*, souvent par des adultes, comme celle qui raconte sa difficulté à apprendre à coudre quand elle avait six ans. Il y a bien une morale de l'histoire (il faut persévérer) : aujourd'hui, cette femme a oublié comment elle avait appris, et s'étonne même que sa fille ne sache pas tenir une aiguille – preuve que l'effort paie. Mais la façon dont cette histoire est racontée fait émerger une autre vertu du récit : sa capacité à relier les différents fils dont la vie humaine est tissée, de recomposer un tableau éclaté par le temps.

La femme adulte tente en effet de se remémorer cette époque lointaine, en retrouvant son point de vue d'enfant. Deux voix se font ainsi entendre, celle de la femme devenue mère et celle de la petite fille qu'elle fut, donnant à l'ensemble, malgré sa forme simple, la qualité polyphonique que l'on attribue d'ordinaire au grand roman russe. Car cette narratrice imaginaire doit faire des efforts pour redevenir la petite fille qu'elle était, donner corps à ses difficultés, retrouver, diraient aujourd'hui un certain nombre de gourous, son enfant intérieur. Le récit remet en circulation des souvenirs oubliés et permet à l'individu de redonner forme à son parcours de vie. Il relie le soi à soi. C'est aussi une parole vive, vivante, qui s'extraie des limitations de notre vision ordinaire pour envisager les choses sous un nouvel angle, s'offrir de nouvelles perspectives. Le récit pour enfants devient ainsi pour Tolstoï l'un des terrains où se déploie ce « labyrinthe de liens » qu'il voulait dès *Anna Karénine* mettre au cœur de sa fiction et dont il a cru parfois que le lecteur allait s'y perdre et faire fausse route. Les vastes ensembles composés par Tolstoï à partir de 1880, qu'il s'agisse de récits pour enfant, de livres s'apparentant à la littérature d'almanachs ou de compendiums de sagesse pour un public populaire s'ancrent tous dans cette volonté de créer une œuvre « reliante » : on les soupçonne de creuser le fossé entre Tolstoï écrivain et Tolstoï philanthrope, mais on peut aussi les voir comme le biais par lequel l'auteur renoue avec la littérature dite sérieuse, désormais sauvée du risque d'exercer une mauvaise influence.

Prenez, par exemple, *Le Faux coupon* (1904). Âmes sensibles s'abstenir, on y croise l'un des *serial killers* les plus atroces de la littérature russe. Comment en est-il arrivé là, à assassiner froidement grands-mères séniles et bébés au berceau ? Tout commence par un homme qui a passé une mauvaise journée. Il rentre chez lui mécontent et refuse de donner un peu plus d'argent de poche à son jeune fils, Mitia. Mais le paternel n'est pas d'humeur. Mitia se tourne vers un ami qui lui suggère de falsifier un billet d'ordre en ajoutant un chiffre devant le montant, puis d'acheter une broutille chez un commerçant et de récupérer la monnaie pour éponger ses dettes. Mitia trouve l'idée excellente : en réalité, tous ceux qui approchent ce faux coupon vont connaître malheur et catastrophe.

Le commerçant, conscient de la supercherie, cède néanmoins le coupon à un marchand de bois, qui est arrêté par la police ; finalement rattrapé par son acte, le commerçant ment et implique son commis, qui perd alors tout respect pour les autorités et décide de devenir voleur. Plus tard, dans un village, on découvre un vol de chevaux : le propriétaire accuse et renvoie son cocher, qui se fait ivrogne et délinquant. Lui-même ne perdra rien pour attendre, car il finira lynché ; ses assassins seront pendus. En réalité, c'est Mironov, le marchand de bois, qui a été poussé à voler les chevaux : il est lui aussi lynché. Son principal meurtrier prend goût au crime et sème la terreur dans la région en assassinant tous ceux qui ont la mauvaise idée de lui ouvrir leur porte. Il finit en prison où il retrouve, selon un usage très tolstoïen du hasard, le commis devenu cambrioleur et le responsable d'un troisième lynchage, déclenché par un sermon de l'ex-professeur de religion de Mitia, devenu religieux après qu'on lui a rapporté l'acte de son élève. Parvenez-vous à démêler l'écheveau de cette contagion du mal, dont l'origine est un acte apparemment bénin, mais dont les répliques se font sentir à des années et des centaines de kilomètres de l'épisode originel ? Sans doute pas. Mais vous aurez au moins compris ce que veut dire Tolstoï : si vous pensiez qu'il est possible de déroger ponctuellement aux lois de la morale, qu'un petit écart de temps en temps ne fait de mal à personne – vous vous trompiez lourdement.

Au mitan du texte, ce déluge de catastrophes s'arrête. Et c'est sur le récit qu'il vient se fracasser. Plus exactement, sur une série de récits qui vont contrer les effets délétères du faux. C'est d'abord la femme du commerçant qui rend publique l'histoire de Mitia pour lui faire honte. C'est ensuite le tueur en série, converti à la foi chrétienne par un camarade de prison, qui décrit sa déchéance au tribunal : le juge d'instruction n'est autre que l'ancien camarade de Mitia, celui-là même qui avait suggéré la solution du faux coupon. Épouvanté, il change de vie. Mitia connaîtra la même révolution intérieure lorsque, dix ans plus tard, il croise la route de l'infâme meurtrier, devenu bagnard repentant : grâce au récit que lui fait ce dernier, toutes les pièces du puzzle se mettent en place et Mitia comprend que ce simple geste commis lorsqu'il était adolescent a touché la vie de centaines de personnes et s'est répandu dans la société comme un mal inexorable. Inexorable ? Non. Car on peut opposer à la circulation de la fausse monnaie celle d'un vrai récit qui montre à quel point les hommes sont reliés, et incite chacun à prendre soin de son voisin.

On se trouve ici au cœur de ce qui fait l'éthique tolstoïenne : c'est une éthique des petits gestes, des actions de rien du tout et qui pourtant recèlent un réel potentiel néfaste ou bénéfique. Tolstoï ne s'intéresse pas comme Dostoïevski aux grands transgresseurs. Il se penche sur les méfaits du quotidien, les conséquences disproportionnées, et les actes tout aussi infimes par lesquels on les contient. Il se passionne pour ce qui ne nous paraît pas un crime, comme le manger les animaux. Il nous incite à revisiter nos certitudes, à faire en sorte que chacun de nos actes soit traversé par une exigence de respect de l'autre, par une prise en compte du fait qu'il n'y a pas de demi-mal dans un monde où nous sommes tous connectés. Et surtout, il rappelle qu'à la viralité du mal, à la facilité avec laquelle l'empire du faux étend ses frontières, on peut opposer un instrument puissant : le récit, la fiction, la littérature, qui nous aident à sentir la force de ces liens et qui nous délivrent ainsi du mal, puisqu'ils rendent immédiatement perceptible les conséquences qu'il aura sur autrui. Là où Dostoïevski questionne le geste pseudo-héroïque qui se propose d'explorer ce qu'il y a par-delà bien et mal, mais considère qu'il n'y a de salut possible que si l'on a d'abord goûté au crime, Tolstoï veut faire de sa fiction une incitation à « ne pas ».

Ça n'a l'air de rien, mais c'est une contribution éthique fondamentale. Car l'époque de Tolstoï est celle où s'affirment des discours utilitaristes qui proposent de petits arrangements avec la morale au nom d'un calcul rationnel que Tolstoï (et, pour le coup, Dostoïevski) juge sacrilège. Vous vous rappelez Tchernychevski, l'auteur de *Que faire ?*, dont on a souligné l'immense retentissement ? C'est aussi le premier à avoir dit que, parfois, le pire est le mieux : plus le gouvernement oppresse, emprisonne, pend, plus forte sera la constitution d'une authentique conscience révolutionnaire. Cette économie du bien et du mal, ce trafic d'éthique vont devenir la malédiction de la Russie du XXe siècle, quand elle s'appellera l'URSS et qu'on y considérera qu'on ne fait pas d'omelette sans casser des œufs. À l'époque décisive où beaucoup en Russie reçoivent favorablement ces philosophies utilitaristes qui, depuis Jeremy Bentham, supposent une perméabilité de la morale à un principe économique de la perte et du gain, Tolstoï oppose une règle simple : un acte est un acte. Prêtez attention à ce que vous faites, même si ça n'a l'air de rien.

Quand dans toute l'Europe et au-delà beaucoup restent fascinés par l'aventure napoléonienne, jusqu'à penser qu'on peut « voir quelque chose à l'orée de ces crimes », Tolstoï propose de solder définitivement cette tentation de s'affranchir de la morale pour atteindre un plus haut but. Il avait déjà réglé son compte à la philosophie de l'histoire inspirée par le destin de Bonaparte, il veut en finir avec l'image du grand homme qui s'autorise à passer son prochain par pertes et profits. Il n'est guère étonnant que les penseurs contemporains de la morale, Cora Diamond ou Jonathan Glover en tête, qui défendent le droit des animaux ou le respect de toutes les différences, trouvent en Tolstoï un grand prédécesseur : pour eux comme pour lui, il s'agit de promouvoir une morale où l'on ne vit pas sur le dos des autres. Et pour cela, rien de mieux que la fiction, qui montre à quel point tous nous baignons dans le grand bain de l'altérité, dans le vaste creuset du vivant. Dostoïevski a été l'auteur tutélaire du XXe siècle, âge de crimes de masse et des grandes tentatives de remplacer l'empathie par la raison ; peut-être Tolstoï sera-t-il celui du XXIe siècle, si nous avons la chance de nous y poser des questions différentes, de réfléchir à la meilleure manière de vivre en laissant les autres en paix, de résister au mal, et d'abord à celui que nous pouvons-nous même causer. Si Tolstoï n'a que cette influence-là sur notre temps, ce sera déjà beaucoup.

Comment fuguer

Tolstoï prétend que son plus ancien souvenir d'enfance remonte à ses premiers mois. Il se revoit en train se débattre dans son petit lit, car on l'a emmailloté des pieds à la tête et qu'il déteste cette sensation. Il appelle, il crie, personne ne vient le délivrer. C'est la fin de l'innocence : le bébé Tolstoï en conclut que la société est régie par des rapports de pouvoir violents où certains cherchent à priver les autres de leur liberté. Tels sont les adultes qui l'entourent. Ils sont forts, lui est faible : on l'entrave sans qu'il puisse s'y opposer, et il n'y a pas de plus grande torture. Les traces qu'il a gardées de sa propre enfance regorgent de souvenirs de la sorte : ici, un emmaillotage un peu trop ferme ; là, un cousin hussard qui le maintient trop fort sur ses genoux, soi-disant pour le faire jouer. *Enfance* en témoigne aussi, notamment dans cette scène comique où le précepteur allemand se pique de chasser les mouches au-dessus de l'enfant endormi, sur lequel tombent les cadavres : dans son demi-sommeil, Nikolenka comprend qu'on lui fait subir cela parce qu'il est le plus petit, qu'il ne peut se défendre.

Vous souriez devant ce moutard génial qui aiguise sa conscience politique, littéralement, dès le berceau et comprend qu'il faut défendre la liberté à tout prix. Mais cette philosophie dans la nursery, c'est celle que conservera Tolstoï toute sa vie : c'est elle qui le poussera, en 1910, à l'âge respectable de quatre-vingt-quatre ans, à s'enfuir de Iasnaïa Poliana. Pendant plusieurs jours,

Tolstoï est introuvable : il est parti dans la nuit avec son médecin et un serviteur. On ne sait où il va. Il ne le sait pas lui-même : lui, l'écrivain excommunié, que sa revendication, contre l'Église orthodoxe, d'un héritage alternatif de la pensée du Christ a transformé en *persona non grata* en terre sacrée, s'approche du monastère le plus célèbre de l'époque, l'ermitage d'Optina. Dostoïevski y était allé pleurer la mort de son fils de trois ans – et en avait rapporté l'inspiration pour le personnage du starets Zossime des *Frères Karamazov*. Tolstoï s'y était déjà rendu à trois reprises, au fil de crises de foi que rien n'avait su résoudre. Mais cette fois, plus de vingt ans après sa dernière visite, il reste à la porte et rebrousse finalement chemin. Il monte à bord d'un train qui l'emmène vers le sud. Veut-il retrouver le Caucase de ses exploits de jeunesse ? Nul ne le saura, car il contracte une pneumonie et meurt le 7 novembre 1910 dans la petite gare d'Astapovo, au fin fond de l'*oblast* de Lipetsk – c'est-à-dire nulle part.

S'il erre ainsi pour finir au bord d'une voie de chemin de fer, ironie du sort pour l'auteur *d'Anna Karénine* et de *La Sonate à Kreutzer* où le train joue un si grand rôle, c'est que Tolstoï n'a nulle part où aller. Il veut échapper à sa femme : il a quitté son domaine en tremblant qu'elle ne s'éveille et ne lui fasse une nouvelle scène (elle se jettera effectivement dans l'étang en apprenant la nouvelle de sa fugue, mais en réchappera). Il essaie de ne pas attirer l'attention – et y parvient. Il laisse derrière lui tout ce dont il a hérité et tout ce qu'il a acquis pour plonger dans le dénuement et la solitude. Les derniers jours de Tolstoï sont une expérience radicale de liberté, qui échappe aux biographes et aux tentatives d'explication : qu'a pensé Tolstoï aux portes d'Optina ? À quoi rêvait-il dans le train pour Rostov ? Nous ne le saurons pas : il n'avait pas pris avec lui sa cohorte de graphomanes désireux de fixer pour l'éternité chaque phrase et chaque action du maître. Mais les critiques ne pouvaient évidemment pas se contenter de ce blanc dans la légende – d'autant qu'il vient accentuer l'atmosphère apocalyptique qui s'abat sur la Russie du début du XXe siècle. En 1894, le tsar Alexandre III, réputé être une force de la nature, est mort brutalement, laissant son fils Nicolas II au pied d'un trône qui ne lui fait guère envie. La preuve en est qu'il met deux ans avant de se faire couronner : lorsqu'il se décide en 1896, il convie ses sujets à une grande fête qui dégénère en bousculade monstre – près de 1 500 de ses sujets périssent. Moins de dix ans plus tard, en 1905, la première révolution a lieu, et la même année la flotte russe est anéantie par les Japonais lors du désastre de Sushima. Dans la Russie de cette époque, tout fout le camp – même Tolstoï. Beaucoup d'encre a donc coulé pour donner sens à ce geste apparemment fou ; beaucoup d'exégètes l'ont mis sur le dos de Sofia, avec qui l'auteur a très mal vécu durant les dernières années de sa vie.

Sofia était fière d'être une « vraie femme d'écrivain », comme elle se nommait elle-même au moment où elle insistait auprès de son mari pour qu'il lâche la pédagogie et reprenne son travail sur *Anna Karénine*, et elle a tout fait pour permettre au talent de son mari de s'épanouir. Elle l'a soutenu dans tous ses projets, accepté toutes ses lubies, supporté ses nombreux revirements. Elle a recopié ses manuscrits, travaillé comme une forcenée à ses œuvres complètes. On a même gardé d'elle un livre de cuisine végétarienne, intitulé *Repas pour Léon*, où elle adapte des classiques de la cuisine russe au régime alimentaire dont s'est toqué son époux. Le frère de Sofia a fait relier et éditer le cahier de recettes, que l'on peut encore trouver facilement aujourd'hui (je vous conseille le vin d'orange « à la Tolstoï », au bon goût d'anis, et le gâteau Ankovski garni de crème au citron). À Iasnaïa Poliana, on peut voir le divan sur lequel Tolstoï est né et où il a contraint Sofia d'accoucher de leurs treize enfants. Tolstoï tenait tellement à ce divan qui l'avait vu naître qu'il l'avait fait restaurer : il avait demandé qu'il soit recouvert de *skaï* vert apparemment le comble de la nouveauté et du chic à l'époque. Il a tout de même l'air bien inconfortable, surtout pour accoucher, mais difficile de dire non à un mari qui passe, chose rare à l'époque, pour un père attentif au bon développement de ses enfants. Sa préoccupation pour l'éducation fait d'ailleurs que Tolstoï se mêle vraiment de tout, pour le meilleur et pour le pire : ses escapades à Moscou sont autant pour rencontrer des éditeurs et visiter les tailleurs que pour faire des *razzias* chez les marchands de jouets ; mais alors que la poitrine de la jeune mère est percluse de crevasses et qu'allaiter est un calvaire, il lui refuse les services de ces nourrices auxquelles les femmes de l'aristocratie ont si souvent recours et dont l'écrivain ne veut pour cette raison même pas entendre parler.

À partir de 1880, les relations des époux Tolstoï se tendent. Elle ne supporte pas qu'il expose leur couple dans la terrible *Sonate à Kreutzer* (1889) où il parle tant de sexe et développe des vues plus que pessimistes sur le mariage. Elle répondra à cette histoire de féminicide conjugal, racontée par l'époux meurtrier dans un train (pourquoi est-il en liberté ?), par une autre nouvelle qui relate la même histoire du point de vue de la femme assassinée. Réponse de la bergère au berger, mais surtout tentative de sauver sa réputation quand, dit-elle, Tolstoï l'a « humiliée aux yeux du monde entier ». Lorsqu'il tombe sous l'influence d'un disciple plus entreprenant que les autres, le très manipulateur Vladimir Tchertkov qui soufflera à l'écrivain de renoncer à ses droits sur son œuvre, Sofia n'en peut plus de voir son époux s'éloigner d'elle et ruiner son rêve. Il y a des querelles d'argent. Sofia devient de plus en plus possessive, inquisitrice. Elle lit tous les soirs le journal intime de son mari, contraint d'en tenir un second, qu'il cache dans ses bottes.

Tolstoï parle de partir, il dit que l'air est empoisonné partout où est Sofia. D'ailleurs, il a toujours voulu fuguer. Dès 1863, il écrit dans son journal que la vie de famille est « affreuse, terrible et absurde » et qu'il voudrait vivre comme un saint mendiant : il est marié depuis moins d'un an. C'est vingt-cinq ans avant sa fuite de Iasnaïa Poliana qu'il parle pour la première fois de divorce : fin 1885, à une semaine de Noël, il entre chez elle et annonce qu'il part, « pour Paris… ou l'Amérique » ; Sofia lui demande ce qui s'est passé et il répond : « Rien ». Après une scène éprouvante, il se calme.

Mais cette nuit d'octobre 1910, c'en est trop, et sa décision est prise. « Il est temps de s'en aller », dit-il à son biographe et ami Pavel Birioukov. « Où pourrions-nous partir pour être loin ? », demande-t-il au médecin qui l'accompagne. C'est effectivement une énième dispute conjugale qui a déclenché la catastrophe finale. Tolstoï se lève et surprend sa femme en train de fouiller dans ses affaires. Il lui demande ce qu'elle cherche. Elle s'étonne de le voir encore debout. Ce sont les dernières paroles qu'ils échangeront, de loin, entre deux portes. Lorsqu'il sera malade dans la petite gare, ses proches ne laisseront pas entrer Sofia de peur que cela n'achève Tolstoï. Une photographie terrible prise par l'un des nombreux journalistes présents (c'est, en quelque sorte, la première photo de *paparazzi*) la montre devant la maisonnette du chef de gare, regardant par la fenêtre pour tenter d'apercevoir son époux. Elle ne le verra que lorsqu'il aura définitivement perdu connaissance et aura le temps de lui murmurer « Pardonne-moi, pardonne-moi », comme Natacha Rostov lorsque, sur la route de l'exode où tous tentent d'échapper à l'armée française, elle retrouve son ancien fiancé le prince André, mourant : l'œuvre et la vie se rejoignent bien douloureusement.

S'il y a un point sur lequel les couples malheureux se ressemblent tous, c'est qu'il est rarement possible de désigner celui qui porterait à lui seul la responsabilité du désastre. Chez les Tolstoï comme chez les autres, chacun a ses raisons. Sofia pense à la famille, à son mariage : ce serait tellement plus simple si Léon était plus raisonnable, moins versatile. Tolstoï pense à son œuvre, à la vie bonne qu'il veut mener : il faudrait qu'on le laisse faire, qu'on arrête d'essayer de le contrôler. Elle écrit à un proche que l'amour conjugal « transforme l'homme et la femme en deux bagnards qui se haïssent l'un l'autre, attachés à la même chaîne, chacun empoisonnant la vie de l'autre, et s'efforçant de ne pas s'en apercevoir ». La lettre d'adieu qu'il lui écrit cette terrible nuit manifeste moins d'amertume : « Je te remercie pour ces quarante-huit années de vie honnête menées à mes côtés et te demande de me pardonner pour tout ce dont je me suis rendu coupable envers toi, tout comme je te pardonne de tout cœur pour tout ce dont tu as pu te rendre coupable envers moi. »

Cette lettre d'adieu n'est pas la première d'un homme qui a toujours été si ambivalent envers la vie de famille – et la fugue est une constante de la vie et de l'œuvre de Tolstoï. Le premier titre des *Cosaques* (1863), dans lequel l'écrivain revient sur ses jeunes années au Caucase, est « Le fugitif ». « Le Père Serge », publié de manière posthume en 1911 mais achevé dès

1898, s'ouvre sur une nouvelle fracassante : le prince Stepan Kassatski, jeune officier promis à une belle carrière et un splendide mariage, vient de tout plaquer pour entrer dans les ordres. À la recherche de la vie bonne, il s'enfuira deux fois de son monastère (notamment après avoir malencontreusement couché avec une de ses ouailles) et finira déporté en Sibérie. Dans *Guerre et Paix* et *Anna Karénine*, on ne compte plus les portes qui claquent : Pierre Bezoukhov et Konstantin Lévine se sont fait une spécialité de quitter avec éclat le dernier salon où l'on cause. Les femmes ne sont pas en reste : qu'Anna Karénine parte, d'accord, mais pourquoi la pure Natacha Rostov cède-t-elle à la proposition d'enlèvement du roué Anatoli Kouraguine, ce qui fait capoter ses fiançailles avec André ? N'en déplaise au bébé Tolstoï, heureusement que ses proches interviennent pour l'empêcher de sortir.

Le départ de Tolstoï n'est donc pas un acte fou, mais un geste répété et préparé toute sa vie. Et sa dernière lettre à sa femme enfonce un coin dans l'explication facile qui veut que le grand homme ait fui sa propre maison parce que Sofia lui tapait sur le système, parce qu'il est épuisé par ces années d'orage. Elle a bon dos, Sofia, mais l'accuser de tout est une double injustice – pour elle, sans aucun doute, mais aussi pour Tolstoï et sa philosophie. Son ton calme montre que Sofia n'est pas en cause, que Léon est déjà loin, qu'il a largué les amarres, que, sans violence et sans cris, une nouvelle fois, il décroche : c'est exactement comme cela qu'il définit la liberté authentique, non pas comme une maigre latitude d'action qui se conquiert péniblement sur quelqu'un, mais comme un vrai espace à soi, que l'on décide d'investir, où l'on part s'évader, où les contraintes sont abolies.

Tolstoï s'échappe dès qu'on veut l'enfermer, en particulier dans le rôle du grand auteur : contrairement à Dostoïevski, il refuse le costume d'écrivain national, qui le gêne aux entournures. Parfois, ce qui devait vous libérer se retourne contre vous et devient un carcan : pour ne pas être écrasé par sa propre stature, Tolstoï devient ainsi le premier romancier russe à remettre la littérature à sa place. Expérimenter une liberté réelle est l'enjeu ultime de sa vie : c'est aussi le but de son école dont le fronton est orné de l'inscription : « Entrée et sorties *libres* ». Vous qui entrez ici… rassurez-vous, aucun adulte ne vous retiendra contre votre gré. Ici, personne n'exerce son prétendu droit à disposer de l'autre. C'est une école que pourrait fréquenter, à terme, le bébé Tolstoï.

Car à l'école de Tolstoï, la liberté est présente à tous les étages. Elle est déterminante dans la constitution même du projet : l'école doit émaner de la société elle-même, et non du pouvoir ou des élites intellectuelles. Ce n'est pas à eux de définir les objectifs que l'école doit accomplir. Son fonctionnement devrait donc être entièrement soumis à l'approbation des parents – ceux-ci ont en général peu de place dans l'école de Tolstoï, mais voilà que l'écrivain concède à ceux qui sont encore des serfs lorsque ouvre sa première classe un pouvoir de décision tout à fait remarquable. Confier l'éducation du peuple au peuple : cette idée rapprocherait Tolstoï des cercles « populistes » qui fleurissent à l'époque… s'il ne tenait trop à sa liberté de pensée pour s'engager auprès de qui que ce soit.

Ensuite, la liberté est cruciale pour le fonctionnement de l'école. Le seul *curriculum* formalisé par Tolstoï consiste à abandonner toute idée de contrainte. Vous connaissez déjà ce principe, il s'agit de promouvoir l'assiduité volontaire : on vient quand on veut. On est libre de partir si on le souhaite : personne ne rate jamais une leçon. Il n'y a pas de manuel obligatoire : on n'apporte que sa propre curiosité et son envie d'apprendre, car sans motivation authentique il n'y a pas d'apprentissage réel. Le programme a disparu : on écoute les intérêts et les envies des élèves. Il n'y a ni punition, ni brimade : on n'enfreint jamais de règles, puisqu'il n'y en a pas. Les cours reposent sur la conversation entre le maître et les élèves : on dispose d'une totale liberté d'expression.

Enfin, la liberté est l'horizon de l'école tolstoïenne. Tolstoï veut une école qui émancipe authentiquement. Et il entend l'émancipation dans son sens le plus plein, comme beaucoup d'hommes de sa génération : après l'abolition du servage en 1861, ardemment espérée puis jugée largement insuffisante, tout le monde a en tête qu'un bout de papier ne suffit pas à affranchir et qu'il faut encore accéder à une liberté effective. Là encore, le projet pédagogique va de pair avec l'écriture romanesque – le second épilogue de *Guerre et Paix*, publié en 1869, porte sur la question de la liberté. En 1868, il écrit à l'historien et littérateur alors très célèbre Mikhaïl Pogodine : « Mes pensées sur les limites de notre liberté et sur notre dépendance envers notre milieu ne sont pas des fantaisies qui m'occupent depuis hier seulement. Elles sont le fruit de tout l'effort intellectuel de mon existence et font partie intégrante de ma conception de la vie. » On peut faire crédit à Tolstoï de développer une philosophie de la liberté très cohérente – et d'utiliser l'école comme lieu pour la mettre en pratique.

Nous avons déjà évoqué cette liberté propre à l'école de Tolstoï – et déjà, vous trouviez cela bien utopique. Vous n'avez pas totalement tort. L'histoire tend d'ailleurs à vous donner raison. Les communautés de tolstoïens qui se développent en Russie du vivant et après la mort de l'auteur font souvent long feu, car le respect radical de la liberté... est une immense contrainte : qui doit prendre les décisions importantes ? Et comment vivre de la terre sans exploiter les animaux domestiques ? Ajoutez à cela, comme il se doit, des descentes de police, puis la Révolution russe dont les *leaders* ont un point de vue très particulier sur la liberté, et il n'est guère étonnant qu'une seule ait survécu un temps à peu près honorable.

Mais Tolstoï n'est pas un doux rêveur. Il a beaucoup réfléchi à la question, et a développé des vues nuancées et fines. Certes, il a tenu à montrer la vanité du modèle du grand homme en suggérant que chacun a une capacité d'action dans l'histoire. Il travaille également à miner le déterminisme historique issu de Hegel en soulignant la capacité de l'individu de transformer les dynamiques qui lui sont contemporaines. Mais rappelez-vous aussi qu'il pense que la domination et la contrainte marquent l'expérience humaine dès le berceau. Il a, avant 1861, proposer la liberté à ses serfs – et ils l'ont refusée. Il écrit son premier grand texte, *Guerre et Paix*, sur l'irrépressible tourbillon historique capable d'engloutir toute l'Europe – et son deuxième, *Anna Karénine*, sur un couple non traditionnel miné par l'étroit réseau des contraintes sociales qui les emprisonnent. Il ne se réfugie pas dans une revendication abstraite de la liberté, répétée comme un *mantra* et qui légitime les gestes les plus destructeurs comme l'abandon du domicile conjugal : il cherche à penser et à tester les conditions d'une liberté authentique.

En quoi consiste cette liberté authentique ? À sortir de la position du petit bébé qui se débat dans ses langes. À ne plus être condamné à se rebeller contre une situation oppressante, et donc à se débarrasser d'un maximum d'entraves. Pour appuyer sa définition, Tolstoï s'appuie sur la langue russe. Car il y a deux manières en russe de dire « liberté » : *svoboda* et *volia* (Tolstoï aime ce genre de nuances : il nous a déjà fait le coup avec les deux mots pour dire « éducation »). Le premier terme, *svoboda*, désigne une liberté acquise par rapport à quelque chose : c'est une liberté négative, une victoire sur la nécessité, une lutte avec les règles et les normes en vigueur. Le second, *volia*, désigne au contraire une absence de contraintes, une possibilité de se mouvoir sans rencontrer d'obstacles. *Volia* peut aussi désigner l'espace immense de la steppe – cette steppe que Tolstoï arpentait nu au moment d'écrire *Anna Karénine*. Et *volia* peut aussi dire « volonté ». En un mot, cela veut dire que vous avez devant vous l'espace qui permet de réaliser ce que vous souhaitez. Ce n'est pas une liberté de combat, c'est un sentiment de pleine jouissance de vous-même, la sensation que vous vous trouvez dans un moment où tout vous est possible.

La première liberté, dit Tolstoï, est une illusion : nous sommes fatalement pris dans un réseau de forces sociales et historiques que nous ne pouvons maîtriser entièrement et vouloir nous y soustraire revient à engager une lutte épuisante et vaine contre des moulins à vent. Être libre, ce n'est pas dire que ces forces pourraient ne pas agir sur nous. Il ne s'agit pas pour Tolstoï de remotiver la grande figure romantique du titan épris de liberté qui renverse tout sur son passage : comme le grand homme, c'est un mythe. L'école nous l'apprend fort bien – dans une classe, comme dit Tolstoï, « le cri appelle le cri », le maître cherchant à couvrir le chahut des élèves et à la fin on n'entend plus rien : la rébellion échoue et la reprise en main aussi. Personne ne sort gagnant quand s'engage la lutte ouverte de deux volontés. Et Tolstoï sait bien que la pression du milieu est forte : ses petits paysans ne deviendront pas ministres, n'en déplaise à l'*intelligentsia*. En revanche, contre une société et un État qui cherchent à tout contrôler, on peut promouvoir des espaces où la pression s'apaise, où les individus ne sont pas soumis constamment à des règles, où ils peuvent simplement réaliser leurs désirs et consolider le sentiment de leur être propre.

L'école de Tolstoï en fait partie. Ce n'est pas une caserne : c'est un lieu où l'on se déshabitue de vivre sous l'égide de normes, où l'on apprend une liberté active qui permet des choix authentiques et spontanés – et non une liberté défensive qui cherche à repousser les limites. À l'école de Tolstoï, on a « envie » d'apprendre – non parce qu'on construit l'image idéale d'un enfant sage et à l'écoute, mais parce que la participation de cet enfant non contraint est le signe qu'on est dans la « *volia* » : n'ayant pas devant lui une série de tâches à accomplir, d'objectifs à réaliser, il investit ce terrain neutre et le peuple avec ce qui lui plaît vraiment. Cela suppose de relativiser ce qu'on appelle « apprendre », conçu non comme un apport extérieur, mais comme le développement naturel d'une volonté autonome d'exister. Comme le dit la belle formule de Tolstoï, dans son école, « l'élève ne porte que soi » :

> *C'est peu qu'ils n'aient rien dans les mains, ils n'ont rien non plus à porter dans leur tête. On ne les oblige nullement à se rappeler aujourd'hui ce qu'ils ont fait hier ; la pensée de la leçon future ne les tourmente pas ; l'élève ne porte que soi : sa nature impressionnable, et la certitude que l'école sera aussi gaie que la veille. Il ne pense pas à la classe avant qu'elle soit commencée.*

Tolstoï n'imagine donc pas une liberté radicale et utopique : il propose simplement d'ouvrir des espaces où les désirs de chacun se heurtent moins aux structures et aux pratiques de la vie en société. Sa conception de la liberté repose sur une remise en question de la nécessité de la contrainte, considérée comme une base de la vie de groupe. Pourtant, dit Tolstoï, avez-vous déjà obligé quelqu'un à manger s'il n'a pas faim ? Avez-vous trouvé cela efficace ? Non, certainement. Sans doute faut-il dès lors repenser ce qu'on « doit » faire – et donc ce qu'on impose aux autres : ici encore, l'école est le laboratoire d'une négation plus générale, qui englobe le refus de la viande, de l'impôt ou de la guerre – de tout ce qu'on estime indispensable et qui en réalité fait peser une contrainte illégitime et parfois létale sur les êtres qui nous entourent.

C'est aussi la raison pour laquelle la fugue de Tolstoï n'est pas une fuite. L'école de Iasnaïa Poliana a été le lieu d'une liberté selon son désir, où les enfants sont considérés comme des êtres dignes de réaliser ce qu'ils souhaitent faire plutôt que de mettre en œuvre un modèle qui les condamne soit à un conformisme sans intérêt, soit à une révolte vaine. Mais Tolstoï quitte cet endroit quand il comprend qu'il n'y a plus l'espace pour être ce qu'il veut être, qu'il se heurte en permanence à ce qu'on attend de lui, comme hobereau, comme écrivain, comme père de famille. Alors il cherche un autre lieu, où il aura les coudées franches. Il faut se libérer du carcan, chercher les grands espaces, là où personne ne vous connaît et où personne n'attend rien de vous. Ce n'est pas une dérobade, mais l'expression de sa croyance dans une liberté positive qui a été la pierre angulaire de sa vie, et dont son école a été le temple.

Comment devenir (quand même) une légende

À la fin de sa vie, Tolstoï est devenu une sorte de tsar non officiel de la Russie. À l'occasion de l'un de ses rares passages à Moscou, en 1909, un an avant sa mort, il est acclamé dans la rue par des milliers d'habitants. À Iasnaïa Poliana, les photographes se cachent dans les buissons pour le surprendre. Les visiteurs publics et privés affluent du monde entier pour le voir. En 1903, rappelle Andrew Kaufman, c'est le candidat démocrate à l'élection présidentielle américaine, plus tard Secretary of State de Woodrow Wilson, qui tombe sous le charme de celui qui est devenu, grâce à ses prises de position politiques radicales épousant toujours la cause du peuple, la caution morale de tout un pays. Comme beaucoup d'autres étrangers éminents, et comme de nombreux Russes, William Jennings Bryan, alors en voyage officiel, n'a pas manqué de faire un crochet pour se rendre dans la campagne de Toula, à plus de deux cents kilomètres de Moscou, et y rencontrer Tolstoï. Il est tellement mesmérisé qu'il fait demander au tsar Nicolas II, qu'il doit voir le lendemain, s'il n'est pas possible de décaler leur rendez-vous : Bryan voudrait rester plus longtemps auprès du maître.

Quant au départ et à la mort de Tolstoï en 1910, ils engendrent un emballement médiatique qui témoigne de son extrême célébrité. Les journaux spéculent sur cette fugue et les péripéties de l'affaire, comme le suicide raté de Sofia dans l'étang du domaine, font les gros titres. Les premières caméras filment la gare d'Astapovo, et alimentent partout dans le monde les premières actualités. Car même loin, on suit l'affaire de très près – *Le Figaro* titre « Tolstoï a disparu », puis le *New York Times* met à sa une le bulletin de santé suivant : « Tolstoï va mieux… Le comte est très faible, mais les médecins disent qu'il n'y a pas de danger imminent. » Deux jours plus tard, il n'est plus.

Peut-être, sur son lit de mort, Tolstoï a-t-il pensé qu'il était au fond étrange qu'on ait acclamé son œuvre d'écrivain, qu'on le considère comme l'un des grands penseurs de la désobéissance civile, comme l'introducteur du végétarisme en Russie, qu'on lui fasse crédit d'avoir incarné dans son pays et bien au-delà un pacifisme militant – mais qu'on ait regardé avec circonspection sa contribution à la pédagogie de l'époque, dont il était pourtant si fier. Nous voilà à nouveau face à ce paradoxe. Tolstoï déteste écrire *Anna Karénine*, alors qu'il sent qu'il réalise avec ses récits pédagogiques quelque chose de grand. « Je peux mourir tranquille. », écrit-il à sa tante Alexandrine après avoir achevé l'*Abécédaire*.

Tolstoï n'a pas eu une mort tranquille – et sans doute toute réalisation dont on est si fier quand on est en bonne santé pèse bien peu dans la balance au moment de quitter la vie. Mais il est frappant de voir à quel point son héritage en matière d'éducation est contrasté. Bien sûr, il y a eu la publication du *Nouvel Abécédaire* en 1875 et l'aval des autorités quelque temps plus tard, une forme de reconnaissance des pairs, des éditions aux chiffres pharaoniques. Mais rien de tout cela n'a été facile, il a fallu constamment batailler. Contre la police, on l'a vu. Contre les premiers intéressés aussi : en 1862, après l'abolition du servage, le gouvernement encourage les paysans à ouvrir leurs écoles. Ceux du district de Toula se tournent vers Tolstoï, qui débauche des étudiants de Moscou pour les transformer en instituteurs, et treize écoles ouvrent dans la région. Les parents veulent d'abord en retirer leurs enfants quand on leur dit qu'il n'y aura pas de châtiment corporel – ça ne fait vraiment pas sérieux. Puis ils se laissent convaincre lorsqu'on leur promet que les petits paysans pourront sécher autant qu'ils le souhaitent – ou plus précisément, autant que leurs parents auront besoin d'eux.

Mais surtout, en somme, contre l'indifférence. Lorsqu'il commence à faire paraître sa revue *Iasnaïa Poliana*, en 1862, il se démène pour susciter le débat autour de ses idées : il démarche spécialement le critique et romancier Nikolaï Tchernychevski, grande figure de la gauche de l'époque. Tchernychevski en fera une recension sceptique et parfois assez cinglante, l'accusant de romantisme, épinglant son manque de rigueur, et surtout témoignant de la méfiance de la gauche vis-à-vis des initiatives pédagogiques de ce fantasque aristocrate. Les conservateurs ne lui manifestent pas davantage de complaisance : un article d'Evguéni Markov dans *Le Messager russe* balaie d'un revers de la main des idées jugées contradictoires, utopiques, néfastes. Et puis plus rien. « Il n'y a pas un livre de cuisine qu'on accueille avec un tel silence », écrit Tolstoï. En 1868, il confie au diplomate américain Eugene Schuyler : « Je dois avouer que j'étais très contrarié (j'étais plus jeune à cette époque), non pas par le fait que mes idées n'étaient pas acceptées – car ceux qui se consacrent officiellement aux questions éducatives estimaient que cela ne valait même pas la peine de les réfuter – mais parce qu'elles étaient accueillies avec la plus complète froideur. »

Personne ne semble prendre Tolstoï au sérieux : au ministère de l'Intérieur, qui avait mené ce raid dévastateur dans l'école du domaine et plaidait pour une censure plus sévère du journal *Iasnaïa Poliana*, le ministère de l'Éducation répond, après une étude approfondie, que ses théories ne peuvent être dangereuses, car elles ne susciteront que de la moquerie. Le rapport prédit que, de toute façon, Tolstoï abandonnera bientôt ses entreprises en matière d'enseignement. On ne peut pas dire qu'il ait été visionnaire.

Du côté de la critique, nombreux sont les spécialistes de Tolstoï à épouser le préjugé de la police et à traiter la partie pédagogique de son œuvre avec un certain dédain : quand elle n'est pas tout simplement laissée dans l'ombre, elle est présentée comme un *hobby* sans importance, ou une tocade, qui rappellent les moments où Tolstoï se pique d'apiculture, ou ceux de sa jeunesse où il tue le temps auprès des filles, dans la guerre ou la bombance. On fait primer l'œuvre littéraire sur tout le reste, quitte à se retrouver Gros-Jean comme devant avec cet auteur qui fait sa crise de la cinquantaine en jetant tout son corpus romanesque aux orties.

Certains, bien sûr, sortent du lot. Mais ils ne rendent pas nécessairement justice au caractère transgressif de la pensée de l'auteur – pas plus qu'ils ne lui rendent service en faisant de lui une sorte de saint laïc un peu mièvre et fort éloigné de sa complexité humaine. De l'autre côté du spectre, tout un versant de la critique russe a insisté sur le caractère exceptionnel et atypique de la contribution tolstoïenne à la pédagogie mondiale – il est frappant de voir que ce sont deux grands critiques formalistes du début du XXe siècle, Boris Eïkhenbaum et Viktor Chklosvki, qui constituent encore aujourd'hui les sources fondamentales pour qui s'intéresse à cet aspect de l'œuvre. Malheureusement, leurs successeurs soviétiques puis russes ont suivi cette ligne avec parfois trop de zèle, mêlant à la philologie une bonne dose de fétichisation. Ainsi, on trouve nombre de travaux où l'on consigne scrupuleusement chaque menu fait concernant la vie de l'écrivain, pour mieux montrer qu'il est un instituteur génial, de même qu'on vous dira que Tolstoï a été un apiculteur hors pair et un cavalier sans rival dans toute la région de Toula. Une légende parmi d'autres véhiculées en URSS reflète ce processus de quasi-canonisation : durant la Seconde Guerre mondiale, des troupes de la Wehrmacht occupent Iasnaïa Poliana. En quittant les lieux sous la pression de l'Armée rouge, ils ne mettent le feu qu'à un seul bâtiment : l'école. Le bâtiment est très abîmé, mais lorsque les soldats soviétiques y pénétrèrent, ils voient émerger à travers la fumée le grand buste de marbre blanc de l'auteur : il trône, parfaitement intact, dans le vestibule. On n'abat pas si facilement une légende. À lire certains, on a l'impression trompeuse que tout ce que l'auteur touche s'est transformé en or – alors que la réception de ses idées pédagogiques a été pour lui l'histoire d'une déception.

Cette image d'Épinal a même fini par se retourner contre Tolstoï, le figeant dans le costume d'un vieillard à longue barbe ami un peu gâteux des plus jeunes, avec un côté « Laissez venir à moi les petits enfants » somme toute assez assommant. On attribue à l'écrivain soviétique Daniil Kharms, maître de l'humour absurde, toute une série d'histoires drôles qui tirent tous azimuts sur les écrivains classiques : celles qui concernent notre auteur commencent inévitablement par « Léon Tolstoï aimait beaucoup les enfants ». Par exemple : « Léon Tolstoï aimait beaucoup les enfants. Le matin en se réveillant, il en attrapait un et il lui caressait la tête en attendant qu'on vienne lui servir le petit déjeuner. » Ce rapport ironique au grand homme proche du peuple se retrouve largement dans la culture russe (une chanson populaire, « Sur Léon Tolstoï, un type pas si simple que ça », devient l'hymne non officiel des invalides de la Grande Guerre patriotique de 1941-1945 : « Il était une fois un grand écrivain / Léon Nikolaïevitch Tolstoï / Il ne mangeait ni viande, ni poisson / Et marchait pieds nus dans son immense maison » – outre qu'elle épingle les apparentes contradictions de la vie de Tolstoï, la complainte attaque sévèrement Sofia Tolstoï, alimentant la légende noire entourant la veuve).

En tout cas, entre enthousiastes et sceptiques, la réalité est parfois difficile à cerner. Nous ne disposons pas d'un regard extérieur qui nous dirait de manière objective ce que fut l'école de Tolstoï. D'anciens maîtres témoignent *pro domo* : « Nous observions les résultats stupéfiants des élèves en sandales de corde, parmi lesquels certains garnements délurés, arrachés à leur herse ou à leur troupeau de moutons, pouvaient au bout de quelques mois d'enseignement écrire facilement des rédactions tout à fait correctes. » Le grand savant Sergueï Ratchinski, contemporain de l'auteur, déclarait quant à lui : « Tout Russe cultivé devrait connaître les livres pour enfants du comte L.N. » – effectivement, la pédagogie tolstoïenne l'avait tant enthousiasmé qu'il en avait abandonné sa chaire à l'université pour devenir instituteur de village.

Parmi les visiteurs étrangers de Iasnaïa Poliana, certains vont se faire les promoteurs de la pédagogie du maître : on trouve des disciples jusqu'au Japon et aux États-Unis, où ils rencontrent souvent l'incrédulité à laquelle Tolstoï se heurte si souvent. Interlocuteur de longue date de l'écrivain, l'Américain Ernest Crosby publie dès 1904 le premier texte en anglais consacré à

L N. Tolstoï enseignant. Fin connaisseur du système de Iasnaïa Poliana, il relate souvent dans ses conférences pédagogiques l'anecdote suivante : un jour, la fille de Tolstoï, Alexandra, reçut un violent coup de bâton à la main gauche de la part d'un petit paysan avec qui elle jouait. En pleurs, elle se réfugie dans les bras de son père, qui la console et lui propose d'aller offrir au garçon de la confiture de framboises. Le garçon, qui s'attendait à un châtiment, est si surpris qu'il ne se conduira plus jamais de la sorte, explique Crosby. Mais un jour qu'il raconte cette histoire devant un auditoire d'instituteurs, l'un d'eux lui rétorque que l'enfant aurait tout aussi bien pu revenir le lendemain pour frapper la petite Alexandra à la main droite. Crosby ne sait quoi répondre. L'école de Tolstoï, c'est aussi le saut de la foi, la croyance inébranlable dans le fait que l'âme humaine est bonne – indépendamment de ce que l'on peut voir dans une cour de récréation.

Signalons que la petite Alexandra ne fut ni traumatisée, ni dégoûtée de l'école à la Tolstoï : au contraire, devenue grande, elle s'essaie à l'enseignement dans l'école fondée par ses sœurs aînées ; à la mort de son père, elle prend en charge la sauvegarde de Iasnaïa Poliana et en devient, contre vents et marées, la grande prêtresse à l'époque soviétique. Elle n'hésitera pas à rencontrer Staline pour plaider sa cause, et obtiendra pendant un temps la protection des Soviets, avant de se résoudre à l'exil : c'est à elle que l'on doit, sans doute, le fait qu'il existe encore une école à Iasnaïa Poliana.

Le plus étonnant est que Tolstoï est le premier à constater que son école dysfonctionne – ou du moins qu'elle ne marche que quand il est aux commandes. Il visite un jour un établissement où l'on enseigne exactement selon ses principes et ne peut que constater le désastre : « Je posai des questions d'histoire sainte : personne ne savait rien, parce que le maître, d'après *la nouvelle méthode*, ne forçait pas d'apprendre par cœur mais racontait d'après l'histoire sainte abrégée. J'interrogeai sur le calcul, personne ne savait rien, bien que le maître, deux heures par jour, encore selon la nouvelle méthode, leur montrât au tableau la numération jusqu'aux millions, mais sans les forcer d'apprendre par cœur... Et le pire, c'est que tout cela se faisait d'après ma méthode. » Tolstoï est assez honnête pour l'avouer : ses principes pédagogiques ne peuvent être généralisés, ils sont trop personnels, trop expérimentaux, et conçus pour le public spécifique des petits paysans. Hors de Iasnaïa Poliana, pas d'école de Tolstoï possible.

Mais alors, de quoi parle-t-on lorsqu'on évoque sa pédagogie ? D'une école ouverte par intermittence, d'une descente de police, d'une revue à la publication abruptement interrompue, d'une concurrence croissante et peut-être néfaste avec le roman et, il est vrai, d'un succès final tout relatif avec l'*Abécédaire* et les différentes œuvres de littérature enfantine ? Quelles leçons y a-t-il à tirer de cette expérience ? Est-ce paradoxalement le seul endroit où Tolstoï ne peut pas prétendre être un maître ?

On parle d'abord de donner sa chance au point de vue de Tolstoï sur son œuvre. Ce point de vue est sans doute partial, partiel, provisoire et limité, mais l'écrivain n'a cessé d'insister sur la fécondité de son travail pédagogique. Alors essayez de regarder les choses comme il les voit. Oubliez qu'il est pour vous, d'abord, l'auteur de *Guerre et Paix*. Avant d'écrire ce livre, Tolstoï est un jeune talent en vogue, qui a surtout écrit des récits personnels à tonalité autobiographique. Il n'a pas encore vraiment trouvé son chemin dans la fiction. Et puis, on l'a vu, il se pose beaucoup de questions. Depuis qu'il a quitté l'université, il s'interroge sur la meilleure manière d'enseigner l'histoire, d'en faire une manière vraiment vivante et intéressante. C'est pourquoi il s'y essaie avec ses petits paysans dans l'école qu'il ouvre sur son domaine un peu miteux à partir de 1859, en prenant pour sujet principal les guerres napoléoniennes. Durant l'année 1862, il a assez de matériau pratique pour théoriser, et voilà le journal *Iasnaïa Poliana* qui naît. Las, cela attire l'attention des autorités, le domaine est perquisitionné, l'école fermée, l'écrivain vexé à mort. N'ayant plus à sa disposition sa salle de classe pour tester ses hypothèses sur l'écriture de l'histoire, il se lance dans son roman : *Guerre et Paix* commence à paraître en 1863. Évidemment, l'histoire ne s'est pas passée exactement ainsi. Tolstoï a le roman dans le sang et ses œuvres ne sont pas des accidents. Mais ce que ce livre vous a proposé, c'est de relire l'œuvre de Tolstoï à la lumière de cette « libidineuse démangeaison d'enseigner » qui lui tenait tellement à cœur. C'est après tout la leçon numéro 1 de l'école de Tolstoï : contentez-vous de regarder ce qui est devant vous. Tolstoï maître d'école est là, vous le croisez à tous les étages de sa biographie : vous n'êtes pas obligés de le porter aux nues, d'en faire l'*alpha* et l'*omega* de sa vie et de sa création, mais, bon sang, vous ne pouvez pas non plus faire comme s'il n'existait pas.

On parle aussi d'un homme qui a, chose rare à l'époque, pris les enfants vraiment au sérieux. Pas parce que la pédagogie serait en elle-même une affaire sérieuse – cela est vrai à l'époque pour beaucoup d'autres, pris dans l'urgence de déterminer ce qu'un enfant doit savoir pour devenir, enfin, un adulte valable, une personne responsable, un sujet autonome et digne d'intérêt *per se*. Tolstoï a considéré au contraire que l'enfant savait déjà, qu'il n'était pas une page blanche à remplir, une tête à modeler, mais un être à considérer. De nombreux passages de son œuvre témoignent de cet hommage rendu à l'intelligence de l'enfant, et constituent les prolégomènes de sa grande idée sur l'éducation : l'école est là pour accompagner. Si elle fait plus, elle déforme. Si elle fait moins, elle rate la formidable occasion de plonger dans la conscience riche et active de l'enfant.

Le fils du prince André, Nikolaï, assiste à la réconciliation de Natacha et de son père sur son lit de mort ? Il sait immédiatement de quoi il retourne :

> *Le fils du prince André avait sept ans. Il savait à peine lire, il ne connaissait rien. Depuis ce jour, il apprit beaucoup de choses par l'étude, l'observation, l'expérience, mais même s'il eût possédé toutes les capacités qu'il acquit plus tard, il n'aurait pu comprendre mieux et avec plus de profit toute la scène qu'il vit entre son père, la princesse Marie et Natacha.*
> *Il comprit tout, sortit sans pleurer de la chambre, puis s'approcha en silence de Natacha qui le suivait, la regarda timidement de ses beaux yeux pensifs, sa lèvre supérieure rouge un peu soulevée, tremblante, puis appuya sa tête contre elle et se mit à pleurer.*

Sérioja, le fils d'Anna Karénine, a plus de flair que son père et détecte immédiatement que quelque chose se joue entre sa mère et Vronski : « L'enfant semblait instinctivement comprendre qu'entre cet homme et sa mère il existait un lien sérieux dont la signification lui échappait. » Son intuition ressemble en cela à celle de son cousin, le fils de Stiva Oblonski, à qui son père ne parvient pas à jouer la comédie de l'amour : « Que fait maman ? demanda-t-il (Stiva) en passant la main sur le petit cou blanc et délicat de sa fille. – Bonjour, dit-il en souriant à son petit garçon qui s'approchait à son tour. Il s'avouait qu'il aimait moins son fils et cherchait toujours à le dissimuler, mais l'enfant comprenait la différence et ne répondit pas au sourire forcé de son père. »

Personnage inquiet, toujours en quête du sens de la vie, Lévine contemple quant à lui les enfants de Stiva et Dolly Oblonski jouer paisiblement à imiter ce que fait leur mère : ils cuisinent une petite confiture maison en tenant un bol de framboises au-dessus d'une bougie, puis se fourrent des cuillères de lait en riant dans la bouche. Dolly les gronde : ils en mettent partout, ils se comportent comme des imbéciles ! Pour Lévine, cet épisode oppose celui qui sait apprécier la vie dans ses manifestations les plus simples et celui qui en cherche le sens de manière abstraite, sans s'apercevoir qu'il réside dans une capacité de jouir et non dans une faculté de comprendre. L'aristocrate tourmenté conclut, comme Tolstoï, que la philosophie est une activité profondément vaine et qu'il faudrait pouvoir adopter sur le monde le regard de l'enfant.

Mais alors c'est encore pire : il y aurait donc du vrai dans ce schéma de plaisanterie qui commence par « Léon Tolstoï aimait beaucoup les enfants... » ? Notre auteur serait un formidable romancier, mais tomberait dans des excès de sentimentalité et peut-être de mièvrerie dès qu'il y a des marmots ? Lui si attentif à nous sortir de notre zone de confort, il mettrait systématiquement l'enfant sur un piédestal, lui donnant raison en tout, en faisant une figure en définitive attendue et stéréotypée – un « enfant imaginaire », comme Tolstoï, *a priori*, les déteste ? Si vous pensez que Tolstoï est mièvre dans son expression de la pénétration du regard de l'enfant, lisez la scène qui va suivre. On y voit Anna Karénine, de retour d'Italie où elle est restée un temps pour étouffer le scandale, retourner en cachette chez elle afin d'offrir à son fils Sérioja des jouets pour sa fête. Elle réveille son garçon, qui est émerveillé : il savait bien que sa mère n'était pas morte, il savait bien qu'elle allait revenir. Mais Anna est devenue indésirable dans son propre foyer et elle devra bientôt s'enfuir en catimini, au comble du désespoir :

> *Serge, les yeux brillants de joie, tenait d'une main sa mère et de l'autre sa bonne, en trépignant de ses petits pieds nus sur le tapis. La tendresse de sa chère bonne pour sa mère le ravissait.*
> *« Maman, elle vient souvent me voir, et quand elle vient... »*
> *Mais il s'arrêta en voyant la bonne chuchoter quelque chose à sa mère, et le visage de celle-ci exprimer la frayeur et comme de la honte.*
> *Anna s'approcha de son fils.*
> *« Mon chéri ! » lui dit-elle.*
> *Jamais elle ne put prononcer le mot adieu, mais, à l'expression de son visage, l'enfant comprit.*
> *« Mon cher, cher petit Koutia ! murmura-t-elle, employant un surnom qu'elle lui donnait lorsqu'il était tout petit. Tu ne m'oublieras pas ; ta mè... » elle ne put achever.*
> *Combien de choses elle regretta ensuite de n'avoir pas su lui dire, et dans ce moment elle était incapable de rien trouver, rien exprimer ! Mais Serge comprit tout ; il sentit que sa mère l'aimait et qu'elle était malheureuse : il comprit même ce que la bonne lui avait chuchoté, il avait entendu les mots : « Toujours vers 9 heures », il savait qu'il s'agissait de son père et qu'il ne devait pas rencontrer sa mère. Mais ce qu'il ne comprit pas, c'était pourquoi la frayeur et la honte se peignaient sur le visage de celle-ci.*
> *Elle n'était pas coupable, et semblait craindre et rougir : de quoi ? Il aurait voulu faire une question, mais il n'osa pas interroger, car il voyait sa mère souffrir et elle lui faisait trop de peine ! Il se serra contre elle en murmurant :*

« Ne t'en va pas encore. Il ne viendra pas de sitôt. »
Sa mère s'éloigna d'elle un instant pour le regarder et tâcher de comprendre s'il pensait bien ce qu'il disait ; à l'air effrayé de l'enfant, elle sentit qu'il parlait bien réellement de son père.
« Serge, mon ami, dit-elle, aime-le : il est meilleur que moi, et je suis coupable envers lui. Quand tu seras grand, tu jugeras.
– Personne n'est meilleur que toi, s'écria l'enfant avec des sanglots désespérés, et, s'accrochant aux épaules de sa mère, il la serra de toute la force de ses petits bras tremblants.
– Ma petite âme, mon chéri ! » balbutia Anna, et elle fondit en larmes comme un enfant.
En ce moment la porte s'ouvrit, et Vassili Loukitch entra ; on entendait déjà d'autres pas, et la bonne effrayée tendit à Anna son chapeau en lui disant tout bas : « Il vient ». Serge se laissa tomber sur son lit en sanglotant et se couvrant le visage de ses mains ; Anna les lui retira pour baiser encore ses joues baignées de larmes, et sortit d'un pas précipité. Alexis Karénine venait à sa rencontre ; il s'arrêta en la voyant et courba la tête.
Quoiqu'elle eût affirmé, une minute auparavant, qu'il était meilleur qu'elle, le regard rapide qu'elle jeta sur toute la personne de son mari ne réveilla en elle qu'un sentiment de haine, de mépris et de jalousie par rapport à son fils. Elle baissa rapidement son voile et sortit presque en courant.
Dans sa hâte, elle avait laissé dans la voiture les joujoux choisis la veille avec tant de tristesse et d'amour, et les rapporta à l'hôtel.

En achevant cet extrait, l'un des plus déchirants du roman, on se demande pourquoi Tolstoï est allé faire concurrence à Dostoïevski en concoctant ce petit morceau de torture émotionnelle. Embrasser en cachette un fils qu'elle ne reverra plus, s'enfuir en courant de sa propre maison, chassée par ses propres domestiques... rien ne sera donc épargné à l'héroïne ? Mais il ne faut pas se méprendre. Ce n'est pas une Anna aux outrages qui est représentée ici. C'est une femme qui, pour la première et sans doute la dernière fois, est regardée.

C'est un des grands enjeux du roman. Tolstoï veut changer le regard porté sur Anna, montrer que l'amoralité n'est pas forcément là où l'on croit, qu'elle réside davantage du côté d'une société hypocrite et insensible que dans le cœur de cette femme perdue. Et surtout, il veut rappeler qu'il faut considérer toute cette histoire d'un point décalé par rapport à notre position. Ce n'est pas à nous de juger, nous ne savons pas voir, nous ne pouvons comprendre – l'épigraphe le dit bien, qui emprunte à la Bible ces mots prononcés par Dieu : « À *moi* la vengeance et la rétribution ». Quand il s'agit de jugement, vous dit Dieu, laissez faire les professionnels.

Cela signifie que dans le roman, Anna est incomprise de tous : le seul à l'entrevoir est Lévine, qui la croise de façon trop épisodique pour changer quelque chose. Mais en ce moment de malheur suprême où elle est séparée de son fils à jamais, Anna rencontre quelqu'un qui la voit telle qu'elle est, qui comprend qui elle est : c'est Sérioja. Grâce à ce don de prémonition folle dont les enfants ont le secret, Sérioja n'est en rien étonné de la voir apparaître, car il la savait bien vivante, contre tout ce qu'on lui a raconté. Grâce à cette formidable intuition enfantine, il devine sans qu'elle le dise qu'elle veut s'en aller, car elle est épouvantée par le retour du père et le douloureux face-à-face qui s'ensuivra. Grâce à son sens moral encore intact (c'est qu'il rêvasse au lieu d'apprendre des leçons qui le lui pollueraient), il porte sur sa mère le seul jugement juste du roman, celui de Dieu et de Tolstoï : il sait d'emblée que cette femme n'est pas coupable. Anna est comprise : elle non plus ne mourra pas tranquille, car on meurt rarement tranquille chez Tolstoï, mais l'auteur n'écrit pas cette scène pour faire souffrir son personnage – il l'écrit pour le sauver.

Et malgré les drames de la vie, la nursery ne sera jamais associée à un lieu de souffrance chez Tolstoï. Les rares moments de bonheur et de calme de sa vie, il les décrit comme intimement liés à la présence des enfants. Dans son école, bien sûr, ou dans l'écriture de ses textes pédagogiques, mais aussi – et c'est paradoxal pour quelqu'un qui a fini par quitter le foyer – dans la vie familiale. À l'époque où tout va bien, il écrit à un ami dans une lettre :

> *Tu te souviens que je t'écrivais que les gens ont tort de chercher un bonheur qui ne serait que sérénité et calme, sans travail, sans tromperie, sans amertume. J'avais tort ! Un tel bonheur existe ; je l'ai connu ces trois dernières années, et chaque jour il devient plus profond et plus apaisant. La matière dont est faite ce bonheur n'est pas particulièrement séduisante : des enfants qui, pardonne-moi, se mouillent et pleurent ; une femme qui en nourrit l'un au sein, en tient un autre par la main, et m'accuse constamment de ne pas être conscient qu'ils sont aux portes du trépas ; et de l'encre et du papier, qui sont mes instruments pour décrire des événements qui n'ont jamais eu lieu, les émotions de personnes qui n'ont jamais existé.*

Ce passage vous hérissera peut-être : il fleure bon le patriarcat – comme il est bon de pouvoir écrire ses œuvres pendant que son épouse s'occupe des petites têtes blondes ! Mais il fleure aussi bon le bonheur conjugal : vu comment le couple a fini, il n'est pas inutile de rappeler qu'ils ont sans doute aussi été très heureux, ces deux-là. Et puis cette confession a aussi une autre face. Peu de grands auteurs rompent aussi ostensiblement avec le terrible adage latin « *aut libri, aut liberi* » (soit des enfants, soit des livres), lequel condamne tant de femmes à choisir. Pour Tolstoï, le choix n'est pas légitime – il faut des enfants pour faire des livres. À sa manière, toujours un peu abrupte, pas toujours aimable, il pose les prémices du père moderne, celui qui ne reste pas claquemuré dans son bureau, mais s'investit dans les affaires de la maisonnée. Son appétit de renverser les hiérarchies sociales et culturelles le pousse à briser un grand tabou : les enfants existent. Et ils ne nous empêchent en fait pas de faire des choses, même abstraites, même exigeantes : nous les faisons mieux avec eux. Cela veut dire que, même quand on pratique une profession intellectuelle, artistique, ou valorisée d'une quelconque façon, on n'a pas besoin de faire semblant qu'il n'y a pas de couches à changer, de pleurs à consoler, de garderie qui ferme à 18 heures – justement, à l'heure où ce collègue pénible a prévu une réunion. « Ah, tu dois partir, c'est l'heure des enfants ? » « Oui, c'est l'heure des enfants, répondrait Tolstoï. Et c'est tant mieux, car c'est grâce à eux que je travaille bien. »

Cela signifie aussi que lorsque Tolstoï décrit sa femme plongée dans le soin des enfants, il ne s'agit en rien pour lui d'une tâche dégradante. Ses romans détaillent avec intérêt et empathie la trame dont est tissée l'expérience féminine de la maternité : Anna Karénine parle librement de contraception et de sa décision de préserver son nouveau couple (elle appelle un temps Vronski son « mari », puis se reprend) en n'élargissant pas la fratrie problématique constituée de Sérioja Karénine et Annie Vronski. Bien avant que la sociologue israélienne Orna Donath n'explore le « regret d'être mère », le personnage de Dolly plonge dans les ambivalences de la maternité : elle croise une jeune et belle paysanne, à qui elle demande si elle a des enfants. La jeune femme répond que non, que son bébé est mort durant le Carême – et fort heureusement, car les enfants n'apportent que des soucis, ils sont « des obstacles à tout ». Dolly est d'abord horrifiée par cette confession décomplexée. Mais celle-ci libère en elle une tempête de sentiments mêlés, où elle entrevoit que ce point de vue est aussi, partiellement, le sien :

> « *En résumé, pensa-t-elle, se rappelant ses quinze années de mariage, ma jeunesse s'est passée à avoir mal au cœur, à me sentir maussade, dégoûtée de tout, et à paraître hideuse, car si notre jolie Kitty [sa sœur enceinte] enlaidit pour le moment, combien n'ai-je pas dû être affreuse !* » *Et elle tressaillit en songeant à ses souffrances, à ses longues insomnies, aux misères de l'allaitement, à l'énervement et à l'irritabilité qui en résultaient ! puis, c'étaient les maladies des enfants, les mauvais penchants à combattre, les frais d'éducation, le latin et ses difficultés, et, pis que tout, la mort ! Son cœur de mère saignait cruellement encore de la perte de son dernier-né, enlevé par le croup ; elle se rappela sa douleur solitaire devant ce petit front blanc, entouré de cheveux frisés, de cette bouche étonnée et entrouverte, au moment où retombait le couvercle du cercueil rose brodé d'argent. Elle avait été seule à pleurer, et l'indifférence générale lui avait été une douleur de plus.* « *Et pourquoi tout cela ? Quel sera le résultat de cette vie pleine de soucis, si ce n'est une famille pauvre et mal élevée ? [...]) et que de souffrances pour en arriver là ! Les paroles de la jeune paysanne avaient du vrai dans leur cynisme naïf.* »

L'impossible se produit alors : Dolly, la fidèle Dolly, se prend un instant à penser que c'est Anna qui a raison, elle rêve d'un roman adultérin dont elle, la *mater familias*, serait l'héroïne. La leçon d'*Anna Karénine*, c'est aussi qu'on est plus proche que l'on croit de ceux que l'on condamne au nom de la morale. Femmes adultères ou mères indignes, tout le monde a ses raisons et c'est la tâche du romancier que de les faire comprendre, d'inciter le lecteur à se mettre à la place des autres. Et en écrivant ces mots, nul doute que Tolstoï essaie aussi de se mettre à la place de Sofia – elle qui est encore dévastée par la mort de son bébé emporté par le sinistre croup.

C'est donc tout ce qui touche à l'enfant qui intéresse Tolstoï : il ne cesse de lui conférer droit de cité, ainsi qu'à ses parents, ses maîtres, il donne vie à tout le petit monde de l'enfance, plus riche et plus divers qu'on ne le croit. *De facto*, cela conduit à repenser l'éducation telle que nous la connaissons. D'un côté, cela signifie qu'une vraie éducation est une éducation au sens large, qui considère l'enfant dans toutes ses compétences et ses habiletés, dans son développement global, bien au-delà du scolaire : à ce titre, il est difficile de penser l'école de Tolstoï indépendamment de sa pensée philosophique et religieuse. Cette éducation-là comprend tout, elle va bien au-delà de ce que fait traditionnellement l'école.

Par conséquent, l'éducation prise dans son sens ordinaire d'instruction, n'est rien ou presque. Si l'enfant est déjà digne, il faut relativiser la supériorité de celui qui sait – ou qui croit savoir : les textes de Tolstoï regorgent d'éducations faillies qui se révèlent des bénédictions (heureusement, Sérioja n'écoute pas les leçons de Karénine) et montrent bien que les enfants n'ont, sur le fond, pas tant besoin que ça de nous. Regardez le début d'*Enfance*, qui débute par un portrait d'un maître un peu ridicule, et où les parents interviennent bien tard : c'est dire à la fois la centralité de l'éducation dans la vie d'un enfant et le fait que les adultes n'y contribuent directement que pour une assez maigre part.

Voilà un point sur lequel Tolstoï se distingue de bien des pensées pédagogiques et de nombre de ses contemporains. Bien qu'ils se retrouvent autour de l'idée très russe que toute bonne éducation est spirituelle avant tout, Tolstoï et Dostoïevski sont radicalement opposés sur la question de l'autonomie de l'enfant : Dostoïevski explore les désastres causés par les configurations familiales alternatives – de *L'Adolescent* aux *Frères Karamazov*, la famille recomposée est l'un de ses épouvantails. Un seul parent vous manque et tout est bousillé. Il critique d'ailleurs fortement Tolstoï pour sa peinture de ce qu'il considère comme des familles traditionnelles, à l'abri des infortunes terribles que connaissent les foyers dostoïevskiens. Mais Tolstoï ne peint pas des familles traditionnelles : il peint des enfants qui s'en sortent même quand leurs parents sont défaillants. Chez lui, on peut imaginer un Karamazov heureux. Chez Dostoïevski, en revanche, les fils portent éternellement les fautes des pères. C'est dire, pour l'un la résilience, pour l'autre la vulnérabilité, qu'ils décèlent dans l'enfant. C'est dire aussi à quel point cette question irrigue les auteurs du grand roman russe, au point, on le voit, que Tolstoï lui a consacré toute une partie de sa vie.

Tolstoï n'a certainement pas été un maître idéal – à l'école pas plus qu'ailleurs. Il s'est lancé dans la pédagogie pour tenter de surmonter son moi envahissant, pour dépasser ses doutes et ses inquiétudes, et il n'a fait que les retrouver en rêvant une éducation totalement idiosyncrasique, parfaitement irréalisable, tantôt réac', tantôt utopique, mais qui a le mérite de remettre en cause beaucoup des présupposés de son époque – et de la nôtre. À ce titre, cela vaut sans doute la peine de se mettre, au moins le temps d'un livre, à l'école de Tolstoï.

Bibliographie et remerciements

Sans Emmanuel Salanskis, ce livre n'aurait pas été possible – ni le reste, d'ailleurs.

Ce texte a été écrit durant un séjour de recherche au CCÉAE de l'Université de Montréal, financé par le CIERA. Que ces deux instances soient remerciées de leur hospitalité.

Les traductions citées ont parfois fait l'objet de révisions par l'autrice. Les textes dont la version française ne se trouve pas ci-dessus sont traduits par elle.

Œuvres de Tolstoï en français

Léon Tolstoï, *Anna Karénine*, trad J.-Wladimir Bienstock, Paris, Éditions Stock, 1906 ; trad. Émilie Faguet, Paris, Nelson, 1910.

Léon Tolstoï, *Articles pédagogiques*, trad. J.-Wladimir Bienstock, Paris, Éditions Stock, 1905.

Léon Tolstoï, *Confession ; suivi de Quelle est ma foi ? ; et de Pensées sur Dieu : textes inconnus*, trad. Luba Jurgenson, Paris, Pygmalion, 1998.

Léon Tolstoï, *Contes, récits et fables, 1869-1872*, trad. Charles Salomon, Paris, Les Belles Lettres, 2015.

Léon Tolstoï, *Enfance adolescence jeunesse*, trad. Sylvie Luneau, Paris, Gallimard, coll. « Folio », 1975.

Léon Tolstoï, *Guerre et paix*, trad. J.-Wladimir Bienstock, Paris, Éditions Stock, 1904.

Léon Tolstoï, *Journaux et carnets*, 3 vol., trad. Gustave Aucouturier, Paris, Gallimard, coll. « Bibliothèque de la Pléiade », 1979-1985.

Léon Tolstoï, *Lettres*, 2 vol., trad. Bernadette Du Crest, Paris, Gallimard, 1986.

Léon Tolstoï, *Qu'est-ce que l'art ?*, trad. Michel Meyer, Paris, Presses universitaires de France, coll. « Quadrige », 1996.

Léon Tolstoï, *Résurrection*, trad. Sylvie Luneau, Paris, Gallimard, coll. « Bibliothèque de la Pléiade », 1951.

Léon Tolstoï, *Souvenirs et récits*, trad. Gustave Aucouturier, Sylvie Luneau et Pierre Pascal, Paris, Gallimard, coll. « Bibliothèque de la Pléiade », 1960.

Léon Tolstoï, *Vie et œuvre. Mémoires : souvenirs, lettres, extraits du journal intime*, 3 tomes, édités par Pavel Birioukov, trad. J-Wladimir Bienstock, Paris, Société du Mercure de France, 1906-1909.

Tolstoï pédagogue, textes édités et présentés par Jean-Claude Filloux, Paris, Presses universitaires de France, 1996.

Témoignages des contemporains et familiers

Pavel Birioukov, *Des Idées dominantes de la philosophie de Tolstoï*, Kundig, 1904.

Ilia Tolstoï, « Tolstoï (Souvenirs d'un de ses fils) », *Revue de Paris*, 1914.

Comtesse Léon Tolstoï, *Journal de la comtesse Léon Tolstoï*, tome 1 *1862-1891*, tome 2 *1891-1897*, trad. Henriette Feldmann-Pernot, Paris, Éditions Plon, 1930.

Léon Tolstoï (fils), *La Vérité sur mon père. La vie et la pensée de L. Tolstoï d'après les souvenirs personnels d'un de ses fils*, Paris, Stock, 1979.

Tatiana Tolstoï, *Sur mon père*, Paris, Allia, 2003.

Sofia Tolstoï, *Ma Vie*, trad. Maria-Louisa Bonaque et Luba Jurgenson, Genève, Éditions des Syrtes, 2010.

Autres œuvres citées

Charles Dickens, « Un conte de Noël », in *Contes de Noël*, trad. Marcelle Sibon et Francis Ledoux, Paris, Gallimard, coll. « Folio », 2012.

Fiodor Dostoïevski, *Les Carnets du sous-sol*, trad. André Markowicz, Arles, Actes Sud, coll. « Babel », 1992.

Fiodor Dostoïevski, *Crime et châtiment*, trad. André Markowicz, Arles, Actes Sud, coll. « Actes noirs », 2016.

Fiodor Dostoïevski, *Les Frères Karamazov*, trad. André Markowicz, Arles, Actes Sud, coll. « Babel », 2002,

Mikhaïl Lermontov, « Méditation », in André Markowicz (éd., trad.), *Le Soleil d'Alexandre*, Arles, Actes Sud, 2011, p. 445.

Nikolaï Tchernychevski, *Que faire ?*, trad. Dimitri Sesemann, Genève, Éditions des Syrtes, 2000.

Ivan Tourguéniev, *Pères et fils*, trad. Françoise Flamant, Paris, Gallimard, coll. « Folio Classiques », 2007.

Sur la vie et l'œuvre de Tolstoï et en particulier sa relation à la pédagogie

Charles Baudouin, *Tolstoï éducateur*, Paris, Éditions Delachaux et Niestlé, 1921.

Isaiah Berlin, « Tolstoï et les Lumières », *Les Penseurs russes*, Paris, Albin Michel, 1994.

Bob Blaisdell, *Tolstoy as Teacher : Leo Tolstoy's Writings on Education*, New York, Teachers and Writers Collaborative, 2000.

Bob Blaisdell, *Creating Anna Karenina : Tolstoy and the Birth of Literature's Most Enigmatic Heroine*, New York, Simon & Schuster, 2020.

Ivan Bounine, *La Délivrance de Tolstoï*, Paris, L'œuvre, 2010.

Andy Byford, « Turning pedagogy into a science : Teachers and psychologists in Late Imperial Russia (1897-1917) », *Osiris*, n° 23, 2008, p. 50-81.

Alberto Cavallari, *La Fuite de Tolstoï*, Paris, Christian Bourgois, 1986.

Aleksandr Cherkasov, « All-Russian primary education (1894-1917) : Developmental milestones », *Social Evolution & History*, 10/2, 2011, p. 138-149.

Léon Chestov, *L'Idée de bien chez Tolstoï et Nietzsche : philosophie et prédication*, Paris, Librairie Vrin, 2019.

Ernest Howard Crosby, *Tolstoy as a Schoolmaster*, Chicago, Hammersmark Publishing, 1905.

Wayne Dowler, *A History of Education in Modern Russia – Aims, Ways, Outcomes*, Londres, Bloomsbury Academic, 2022.

Ben Eklof, *Russian Peasant Schools : Officialdom, Village Culture, and Popular Pedagogy, 1861-1914*, Berkeley, University of California Press, 1986.

Victoire Feuillebois, « Tolstoïthérapie : la littérature russe entre *chicklit* et *desperate housewives* », in *Fictions pansantes : bibliothérapies d'ailleurs, d'hier et d'aujourd'hui*, sous la direction de Victoire Feuillebois et Anthony Mangeon, Paris, Hermann, 2023, p. 143-167.

Dominique Fernandez, *Avec Tolstoï*, Paris, Grasset, 2010.

Viv Groskop, *The Anna Karenina Fix : Life Lessons from Russian Literature*, Londres, Fig Tree, 2017.

Andrew D. Kaufman, *Give* War and Peace *a Chance : Tolstoyan Wisdom for Troubled Times*, New York, Simon & Schuster, 2014.

Catriona Kelly, *Children's World : Growing Up in Russia, 1890-1991*, New Haven, Yale University Press, 2007.

Karen Haddad, « Pourquoi elle ? Exemplarité et inexemplarité d'Anna Karenine », in *Littérature et exemplarité* [en ligne], Rennes, Presses Universitaires de Rennes, 2007.

Dominique Maroger, *Les Idées pédagogiques de Tolstoï*, Lausanne, L'âge d'homme, 1974.

Daniel Moulin, *Leo Tolstoy*, Londres, Bloomsbury, 2011.

Ernest J. Simmons, *Introduction to Tolstoy's Writings*, Chicago, University of Chicago Press, 1968.

Donna Tussing Orwin, *Simply Tolstoy*, Simply Charly, 2017.

Ilya Vinitsky, « Tolstoy's Lessons : Pedagogy as Salvation », *Before They Were Titans : Early Works of Dostoevsky and Tolstoy*, Boston, Academic Studies Press, 2015, p. 299-316.

A. N. Wilson, *Tolstoy : A Biography*, New York, W. W. Norton & Company, 1988.

Andreï Zorine, *La Vie de Léon Tolstoï, une expérience de lecture*, Genève, Éditions des Syrtes, 2023.

Note sur les sources russes

Il existe d'innombrables ouvrages en russe consacrés à la vie et l'œuvre de Léon Tolstoï. Parmi eux, les travaux fondateurs des formalistes Boris Eïkhenbaum (réunis en un volume massif intitulé *Léon Tolstoï. Articles et études* en 2009) et Viktor Chklovski (dont le *Léon Tolstoï* date de 1963) ont été parmi les premiers à faire le lien entre l'œuvre romanesque et les intérêts pédagogiques de l'auteur. Toute un courant critique à mi-chemin entre la philologie et l'essai d'investigation psychologique s'est également penché sur la fin de la vie de Tolstoï, ses relations houleuses avec sa femme et le mystère de sa fuite : on songe au récent succès de Pavel Bassinski, *Léon Tolstoï : la fuite hors du Paradis* (2010), ou au texte ancien de Tikhon Polner, *Léon Tolstoï et sa femme : histoire d'un amour* (1913), qui n'ont pas été traduits en français mais ont beaucoup servi durant la rédaction de cet ouvrage. De même, l'autrice s'est appuyée sur une série d'ouvrages historiques consacrés à la question pédagogique au XIXe siècle et au début du XXe, qui sont inaccessibles au lecteur français : on songe notamment aux travaux d'A. N. Dmitriev, d'E. D. Dneprov, de S. F. Egorov et I. V. Soutchkov. Parmi eux, certains, comme l'ouvrage d'E. Iou. Romachina, *Le Manuel scolaire de la fin du XIXe siècle et du début du XXe* sont parus à Toula, aux Presses Léon Tolstoï, près de l'école que ce dernier avait construite et qui est devenue au fil des décennies un important lieu de recherche sur la pédagogie.

pcacmb
édition pré-presse
livres numériques

44400 Rezé

L'éditeur de cet ouvrage s'engage dans une démarche éco-responsable
en utilisant des papiers issus de forêts gérées durablement
www.cnrseditions.fr

Cet ouvrage est imprimé sur papiers certifiés PEFC, Bouffant Munken Print White 80g/m^2
pour l'intérieur, Couché demi mat Creator silk 115g/m^2 pour le hors texte,
Woodstock Rosso 260g/m^2 pour la couverture.

Achevé d'imprimer en février 2024
sur les presses de la Nouvelle Imprimerie Laballery
58500 Clamecy
Dépôt légal : mars 2024
Numéro d'impression : 402161

Imprimé en France